幸せな孤独

「幸福学博士」が教える
「孤独」を幸せに変える方法

前野隆司
慶應義塾大学大学院教授

アスコム

この本は孤独をなくす本ではありません。
孤独なままでも、幸せな人生を送るための
方法が書かれています。

少し長めの「はじめに」

慶應義塾大学大学院で幸福学を研究している前野隆司です。
人の「幸せ」について、心理学・統計学をベースに研究しています。
私が最近、関心を持っていることのひとつが「孤独」です。

コロナ禍をきっかけに、日本では老若男女を問わず「孤独」な人が増えているという調査結果がニュースになりました。２０２１年２月、内閣に「孤独・孤立対策担当大臣」が新設されたのも、それに対処するためでしょう。
人々を孤独から救わなければならない、ということです。孤独をテーマにした記事もよく見かけるようになりました。

ただし、多くの議論は「孤独は不幸」という前提に立っています。

本当にそうでしょうか？

私の周囲には、孤独でありながら幸せそうな人もいます。

幸福学の最新の研究でも、孤独＝不幸と、単純に決められないことがわかってきました。パートナーがいなくても、付き合いが苦手でも、友人に恵まれていなくても、幸せな人はいます。

「幸せな孤独」という本書のタイトルが気になって、本を手に取ってくださった方にお伝えしたいのは、孤独を過度に恐れる必要はない、孤独でありながら幸せになる方法は確かにあるということです（「幸せな孤独」の定義については本文で述べます）。

では、どうすれば「幸せな孤独」が実現できるのか。

そのための心がけのひとつが

「今」から離れる

ということです。

孤独を不幸だと感じている人の多くが、目の前のことに囚われています。「今日もまた寂しかった、なぜ私のまわりには誰もいないのか」という想いもあれば、職場や学校などで人間関係がうまくいっていない場合には、「なぜ、あの人は私を仲間外れにするのか」という気持ちを持つこともあるでしょう。

そう思って心が乱れてしまうときは、紙と筆記用具を用意してください。やることはひとつ。今までの自分の歩みを書き出してみる、ということです。これまでの人生で起きた出来事を少しずつでいいので紙に書いてみると、あんなことや、こんなことが思い出されます。苦しかったこともあるでしょうが、案外、楽しい思い出もいっぱいあるでしょう。ずっと寂しいばかりの人生だった訳ではないのです。「人生」が長すぎるのであれば、今年1年の出来事でも構いません。1年の間に、さまざまなことがあったでしょうが、悪いことばかりではなく、いいことも意外に多いことに気づくはずです。

紙に書き出してみることで、「今」から離れて、自分を客観視できます。「今」に囚われてばかりいると、目の前の苦しみばかりが気になって、悪い方向に気持ちが向かってしまいがちなのです。

自分を外から見るような視点から冷静に自分を見つめ直すことを、心理学の用語で「メタ認知」と呼びます。メタ認知を身につけるレッスンの詳細を本文中でご紹介していますので、ぜひ読んでみてください。

自分の内面だけを見ている人は不幸になりやすい

方法はもうひとつあります。それは

「自分」から離れる

ということです。

孤独が不幸だと思っている人の特徴として「自分の内面」にばかり目が向いて、自分の外を意識できていないことが挙げられます。

そういう人は「どうして自分ばかりが孤独で辛い思いをするのか」という理不尽さ

を感じながら生きているのではないでしょうか。

その気持ちは、よくわかります。

しかし、「自分の幸せ」だけを望む人は、今の自分が「幸せではない」ことに囚われてしまった結果として、辛さや苦しみから逃れられなくなっているのです。

そこでおすすめなのが「自分以外の誰かを喜ばす」ことです。

自分の外に目を向けて、「目の前の人に喜んでもらうことに集中しよう」と思うと、驚くほど心がスッとらくになります。


目の前の人は、パートナーや家族、友人でなくても構いません。いつも行くお店の店員さん、いつも利用している駅の駅員さん、そのほか、多くの人があなたのそばにいます。

そうした人たちに、「ありがとう」と伝えてみることから始めてみませんか。

その際のポイントは、見返りは求めず相手に喜んでもらうことだけを考えること。最初はぎこちなくても、毎日少しずつ続けていくとスムーズに言葉が出るようになるでしょう。慣れてきたら、通っている飲食店の店員さんに「ごちそうさま」だけでなく、「すごくおいしかったよ、ごちそうさま」と一言添えてみてください。きっと、笑顔を返してもらえるでしょう。

あるいは、横断歩道を渡ろうとしているおばあちゃんの手を引いてあげるのもいいでしょう。本人から直接もらえる感謝の気持ちは、SNSで「いいね」をたくさんもらうよりも、ずっと素敵なことだと思いませんか。

人間は本能的に「誰かのためになる」ことに喜びを感じるということが研究によって明らかにされています。目の前の人を笑顔にするささやかな「利他」の心は、あなたの孤独感を癒してくれるでしょう。

幸せな孤独を実現する3つの考え方

「幸せな孤独」を実践している人は、深い孤独感に囚われていません。このような人は、幸福学の観点から分析すると、3つの考え方のベクトルを備えていると考えられます。それが、

- うけいれる
- ほめる
- らくになる

という要素です。

学問的な表現で言えば、うけいれる＝自己受容、（自分を）ほめる＝自尊心、らくになる＝楽観性という要素に当たるのですが、あまり難しくとらえる必要はありません。

これらは、「心のクセ」だと思ってください。孤独を不幸だと思っている人の多くは、「目の前のことに囚われる」「意識が自分にばかり向く」といった「悪い心のクセ」がついてしまっているのです。

その結果として、「寂しさ」「疎外感」「孤立感」といった苦しみを生み出してしまっています。

つまり、今置かれている状況は変わらなくても、心の状態や考え方が変われば、見える景色は変わります。あなたが幸せになれるかどうかは、感じ方次第なのです。

特に、最初に身につけたいのが、今の自分を「うけいれる」こと。実現できれば「幸せな孤独」はぐっと近づきます。

次に具体的な例をご紹介します。東日本大震災で最愛の家族を亡くし、孤独に苦しみながらも、考え方を変えることで幸せを手にした坂本信子（仮名）さんの話です。

坂本さんは、交通事故で夫が急死。それから1カ月も経たないうちに、東日本大震災が起こり、津波の被害によって一人息子の隆文くんが行方不明になります。

２０１１年３月11日。隆文くんは風邪で小学校を休み、自宅で寝ていました。地震のあと、坂本さんは「津波が来る」ということを知ります。

坂本さんはすぐに、隆文くんと避難することを決めます。夫がいない今、隆文くんを守ってあげられるのは坂本さんしかいません。１階で布団にくるまって寝ている隆文くんに「あなたの一番大事なものを一つだけ持って、すぐに玄関を出て！」と告げました。

3月とはいえ、まだまだ寒い日が続いていました。「これからしばらく外に出ていなければならないかもしれない」と思った坂本さんは、隆文くんのジャケットを取りに2階へと駆け上がります。隆文くんの風邪がこじれては大変ですから。

そのとき坂本さんは、階下から隆文くんのこのような叫び声を聞きます。

「お母さん、僕の一番大事なもの、もったよ!」

階段越しに坂本さんは、隆文くんが意外なものを掲げているのに気づきます。それはなんと、1ヶ月前に事故死した隆文くんの父親の遺影でした。この切羽詰まった状況の中で、隆文くんはお父さんの遺影を選んだのです。

その瞬間のことです。外から大きな津波がやってきました。家全体に大きな衝撃が走ります。

「この衝撃は、津波なのだろう」

坂本さんはそう感じつつ、大きな恐怖とショックに襲われます。そして、津波のとてつもない水圧に巻き込まれてしまいます。1階の隆文くんが気になりますが、駆け下りることは到底できません。彼女はそのまま2階で意識を失ってしまいました。

しばらくして、坂本さんは意識を取り戻します。坂本さんは隆文くんを探します。けれどもその姿は見当たりません。家の中の家財道具はきれいになくなり、柱などの枠組みだけがかろうじて残されていたのです。津波は、1階のものを根こそぎ、海へと飲み込んでいったようでした。

隆文くんのことを思って、2階へわざわざ彼のジャケットを取りに行った坂本さんが生き残った。そして、1階に残っていた隆文くんが津波にさらわれたのです。

それから坂本さんは、隆文くんを何日も探し続けます。倒壊した家のがれきを押しのけ、会う人会う人に「息子を見なかったか」と何度もたずね、「隆文くんが歩いているのではないか」と朝に夕に海辺を歩きます。けれども隆文くんは帰ってこなかったのです。

そのときのことを思い返して、坂本さんは話してくれました。

「『あなたの一番大事なものを一つだけ持って、すぐに玄関を出て！』。息子にそう告げたとき、彼はきっと、ゲームを持って避難するだろうと思っていました。それがまさか、父親の遺影を一番大事なものと選択できるように育っていたなんて、驚きました。『そのような家族を、一度でも作れた』ということが、私の大きな誇りであり喜びです。息子はあのとき9歳でした。『子どもを授かり9年間一緒に過ごせた』『夫といい家庭を築けた』、そんな思い出が、これからの私を支えてくれると思います」


「なぜ、そのように前向きに考えることができるのですか？」

私の問いに、坂本さんはこう答えてくれました。

「だって現実だから。現実を受け入れて、返ってこないものは諦めないとしょうがないでしょう。私は夫とも別れ、息子も失いました。苦しいのはあたりまえです。けどどんなに苦しくても、私自身はこれからもずっと、生き続けなければならないのです」

坂本さんは、このように続けました。

「過去に執着し続けるのではなく、過去からいいものだけ、いい思い出だけを選び出して、それをよすがとしてつなげていく。そうやってきたから、私はなんとか生き続けてこられたのかもしれません」

※『あきらめよう、あきらめよう　不安、イライラ、怒り、執着を消すヒント』（アスコム）より一部抜粋・再編集

「今」から離れることで人生の喜びに気づく

坂本さんの気持ちを考えると、想像できないくらいつらかったことだろうと思います。しかし、坂本さんはその後、立ち直ります。坂本さんは、なぜ、愛する家族を失いながら、少しずつ幸せに向かえたのでしょうか。

幸福学の視点からご説明すると、自分を「うけいれる」ことができたためだと考えられます。過去のつらい出来事を、いい意味で受け入れて前を向いて進むことができた。ありのままの自分を受け入れる「自己受容」ができたということです。

ただし、「うけいれる」といっても簡単ではないでしょう。なぜ、それができたのか。

彼女の言葉にヒントがあります。

「過去からいい思い出だけを選んで、生きるようすがとしてつなげていく」

まさに、先ほどお話しした、「今」から離れること（メタ認知）を実践されています。目の前の悲しみにだけ囚われていては、きっと打ちのめされていたでしょう。しかし、自分の人生を俯瞰してみたときに、孤独だけではない、自分の人生に確かにあった喜びに気づき、「らくになる」ことができ、前に踏み出すための力を得ることができたのではないでしょうか。

この本をお読みの方の孤独はさまざまでしょう。理不尽に大切な人をなくした方もいれば、学校や職場などの人間関係がうまくいっていない、友人の数は多いけれど心から信頼できる人がいないという寂しさもあるでしょう。どの孤独についても、3つの考え方のベクトルによって、辛さや苦しみから解放されていくことでしょう。

3つの考え方を身につけることは、決して難しくはありません。この本でご紹介する、誰にでもできる、一人でできる簡単なレッスンを、日々続けることが大切です。三日坊主に陥らずに、日々、続けていくことができれば、あなたを孤独で苦しめている「悪い心のクセ」が少しずつ解消することでしょう。幸せをもたらす「正しい心のクセ」が身につき、ものごとを肯定的にとらえられるようになることでしょう。

この本によって、あなたが「幸せ」の道を歩んでいかれることを、心より願っています。

第2章 孤独感に陥りやすい日本人 55

第3章 孤独感は心だけでなく体をむしばむ

第4章 「幸せな孤独」になるための3つの要素 119

第5章 「幸せな孤独」を身につけるためのレッスン 147

第7章 他人と「ゆるくつながる」コツ 203

第1章

「幸せな孤独」とは何か？

なぜ、あの人は長年独り身なのに幸せそうなのか？

みなさんは、「孤独」という言葉を聞いてどんなイメージを持ちますか？

おそらく、この本を手にした人たちは、孤独であることに「寂しい」「つらい」「苦しい」「悲しい」など、ネガティブなイメージを持たれている方が多いのではないでしょうか。

私の研究室で行った調査では、こんな結果もあります。

単身世帯、夫婦のみ世帯、二世代世帯、三世代世帯を対象に幸福度を比較したところ、単身世帯の幸福度がいちばん低いという結果になりました。独り身でいると、幸せになれる確率は低くなるとはいえそうです。

ただし、この結果はあくまで相対的評価であって、「独りでいると幸せになれない」と結論づけするものでもありません。

実際、「お独りさま」という言葉が広く定着してきたように、独りでレストランに入る、独りで旅に出かける、独りでゴルフをラウンドするなど、独りを楽しむための商品やサービスは多様化してきています。2019年ごろからメディアで注目されるようになった「ソロキャンプ」は、若年層を中心に年々増え続けているといいます。


独りでは幸せになれない人と、独りでも幸せになれる人。

この違いはどこにあるのでしょうか？


私の知人には、長年独り身なのに幸せそうに生きている人がいます。

Aさんは、大学の研究所で勤める50代の女性です。彼女を見ていると、「孤独」という言葉からネガティブなイメージはまったく浮かんできません。

専門職としてキャリアを積み上げてきた彼女ですが、今のところパートナーはおらず、本人によると友人も少ないそうです。それでも、彼女が幸せそうに見えるのは、仕事が充実しているからだけではなく、誰に束縛されることなく思うままに生きているからです。

彼女は、行ってみたい、見てみたい、食べてみたい場所があると、国内であれ、海外であれ、すぐに出かけていきます。目的が一致するときは数人で行動することもあるようですが、独りだからという理由で出かけないことはありません。誰かと一緒に行動するのは、彼女にとってオプションのひとつに過ぎないのです。

先日も、イベントのチケットがリセールで1枚出たからと、躊躇することなくスマホで即購入したときには驚かされました。

「独りのほうが楽じゃないですか。すべて自分で決められるし、誰かに合わせる必要もないですからね」

言われるとそうなのですが、独りであることのポジティブな要素に気づけないままの人が多いのが現実です。彼女は人生のどこかの段階で「独りで生きる」ことを肯定的にとらえたのだと思います。言ってみれば、積極的に孤独であることを選んだということです。

それが、孤独でありながら「幸せ」を手に入れるきっかけになったのでしょう。


Aさんのように長く独り身の人もいれば、望んでいないかたちで孤独になる人たちもいます。病気や事故、災害などで大切な人を失う可能性は誰にでもあります。特に高齢の方の場合、パートナーに先立たれるケースは多いことでしょう。

側にいるのが当たり前だった人や大切な人を失う喪失感は、経験した方でなければわからない悲しみやつらさがあるはずです。それでも、その苦しみから抜け出し、その人だけの幸せを手に入れている人たちもいます。

バス事故で娘を亡くされたBさんは、1年も経たないうちに「娘の死を無駄にしません」としっかり前を向いて生きています。

50年連れ添った妻を亡くしたCさんは、趣味の油絵を楽しみながら、独りで静かな毎日を送っています。

そして、「はじめに」でもご紹介した坂本さん。夫を交通事故で亡くし、その1カ月後に震災で9歳だった一人息子を亡くした坂本さんは、「夫といい家庭を築けた。子どもを授かり9年間一緒に過ごせた。この思い出がこれからの私を支えてくれると思います」とやはり前を向きます。

大切な人を失ったときに、ふつうの人なら2、3年、もしかすると10年以上も苦しみの中にいても不思議ではないと思います。しかし、Bさんも、Cさんも、そして坂本さんも、寂しさや悲しみが消えることはないと口にしますが、それと同時に幸せを感じることも多いといいます。

そこに、孤独から連想される絶望感はどこにもありません。

孤独な人は、幸せにはなれない。

そんなことはありません。心の持ちようで、孤独でありながら「幸せ」は手に入れられるものなのです。

では、どうすればその状態を実現できるのでしょうか。もし、この本を読んでいる方がまだ、孤独であることを不幸だと感じているのだとすれば、その違いは一体何なのでしょうか。

その正体は、この本を通してご説明する「心のクセ」にあります。不幸を助長する「悪い心のクセ」を直し、「正しい心のクセ」を身につければ、誰でも孤独でありながら「幸せ」になれます。長年「幸せ」について研究してきた私が、この本を通して、悪い心のクセの正体と、それを正す方法をお伝えしたいと思います。

独りは悪くない、問題なのは「孤独感」

孤独でも幸せに生きている人を4人紹介しましたが、いずれの方にも共通していることは、独りでいることに「苦痛を感じていない」し、「孤立している」とも思っていないということです。

独りでいることをネガティブにとらえてしまうのは、その状態に「私は独りぼっちである」「私には心が通じ合う人が誰もいない」「私には精神的によりどころになる人がいない」「誰からも必要とされていない」など、不快で苦痛となる感情が生まれているからです。

こうした一連の感情を「孤独感」と呼びます。

孤独ではなく「孤独感」です。この2つは学術的には同一視されることもありますが、本書では区別しようと思います。

孤独とは、自身の周囲に人が少ない状態を指します。たとえば、パートナーがいない、友人や知人が少ない、仕事関係やご近所での付き合いも少ないといった状態が当てはまるでしょう。

それに対し「孤独感」とは、あくまで本人の感じ方です。

まわりに人が多い、少ないにかかわらず、前述したような「頼りになる人がいない、心の通じ合う人がいない、疎外感を感じている、誰からも必要とされていない」という主観的な感覚のことです。

そのため、一見すると多くの人に囲まれて暮らしているように見える人でも、「孤独感」を抱えて、苦しみながら生きている人がいるわけです。

この孤独感を、英語で表現すると「ロンリネス」です。孤独をロンリネスと訳されることもありますが、必ずしも「孤独＝ロンリネス」とは限りません。孤独でも幸せな人はいくらでもいます。

孤独感は主観的なものですから、同じ状況や環境でも大きく個人差があります。それが、孤独なまま、幸せを手に入れられるかどうかの違いでもあります。

たとえば、Ａさんのように長く独り身でも孤独を感じない人もいれば、独り身であることに絶望感を覚える人もいます。家族やパートナーと一緒に暮らしていて幸せそうに見えても、孤独感にさいなまれている人もいます。その違いは「孤独感」の有無にあるといって良いでしょう。

幸せを遠ざけているのは、物理的に独りであっても、そうでなくても、心に巣くう孤独感なのです。

もちろん、孤独感をまったく感じたことがないという人はほとんどいないと思います。なぜなら、孤独感は、人間が持っている生存本能ともいえるものだからです。

はるか昔、二足歩行を始めた頃の人類は、肉食獣から身を守るために群れで行動するしかありませんでした。群れからはぐれることは死を意味していたため、「孤独を恐れる感情」が生まれたのではないかといわれています。

孤独感は、脳に危険を知らせるメッセージだったのかもしれません。

どんな人でも、人とのかかわりの中で生きていると、「反対された」「意見された」「無視された」「批判された」「理解してもらえなかった」「仲良くしてもらえなかった」などの場面に遭遇すると、孤独感を覚えることはあります。

実のところ、物理的な孤独（独り身）から生まれる孤独感より、こうした他者との関係性から生まれる孤独感のほうが多いといいます。

これもまた主観なので、受け取り方には個人差があるのですが、他者との関係性から生まれた孤独感は、人によって大きなダメージとして残ることがあります。

孤独感が幸せを遠ざけるのは、その感情が長く続くと、自分を受け入れることをあきらめ、自信を失い、ものごとを悲観的にとらえるようになり、やがて孤独感から抜け出す気力まで失くしてしまうからです。

「セルフネグレスト」と呼ばれる、自身の置かれた環境を改善しようという意欲をなくしてしまう状況に陥り、自分を粗末にする生き方になってしまうのです。

友だちが多いのに孤独を感じる人がいるのはなぜなのか？

孤独が社会問題として取り上げられるときに多いのが、高齢者の独り暮らしと、その予備群といわれる中高年の男性です。しかし、孤独感を抱える人たちに年齢や性別の特徴があるわけではありません。

若者たちにも、孤独に悩む人は増えてきています。

コロナ禍で緊急事態宣言が発せられていたときに、公園やコンビニエンスストアの前、駅などで地面に座り、缶入りのアルコール飲料を片手に外飲みしている若者たちがメディアに取り上げられることがありました。

あの現象は、孤独感による寂しさに耐えられなくなったからではないかと思います。

2021年5月に、野村総合研究所が2200人を対象に行ったアンケート調査によると、20代男性の52・9%、女性の56・8%が孤独を感じているとの結果が出ました。この割合は、上の世代よりも多いものでした。

私の研究室で実施した調査では、新入社員1年目、2年目の人が、ほかのキャリアの長い人たちと比べて、孤独感が強いという結果も出ています。会社で働くことに対して具体的なイメージがわかなくて、強い不安感を覚えているようです。

特にコロナ禍の中で、テレワークという働き方から社会人としてスタートした人たちは、身近な同僚、先輩、上司などに相談する術もよくわからなくて、承認欲求が満たされていないのです。

産業能率大学が行った調査では、年代に関係なく、職場で孤独を感じることがあると答えた人が約6割いたといいます。孤独感は、すぐ側にあるということでしょう。

世の中には、友だちが多くても孤独を感じている人もいます。

実は、友だちが多いかどうかよりも、多様な友だちがいることのほうが幸せに影響します。私が行った研究で、「親密な他者との社会的なつながりの多様性と接触の頻度が高い人は主観的幸福が高い傾向がある一方、つながりの数は多様性ほどには主観的幸福に関係しない」ということが明らかになりました。

簡単に言ってしまうと、たくさんの友だちがいる人より、多様な友だちがいる人のほうが幸せだということです。多様な友だちとは、自分とは異なる年代、異なる職業、異なる国籍などです。

多様だから幸せになるのか、幸せになると多様な友だちができるのか、どちらが原因でどちらが結果なのかはっきりとは解明されていませんが、多様なほうがいろいろな場面で助けになってくれるのかもしれないし、多様なほうが人生を豊かにしてくれるのかもしれません。

「孤独感」とは真逆にある「幸せな孤独」

孤独を表現する英語には、「ロンリネス」以外に、「ソリチュード」という言葉があります。孤独が2種類あるのです。先ほど話したようにロンリネスは正確には「孤独感」と訳されるべきでしょう。

では、ソリチュードとは何か？

独りの状態である、という点ではロンリネスと同様です。しかし、ロンリネスが苦痛や不安、寂しさを招くのに対し、ソリチュードは独りの状態をむしろ前向きにとらえ、精神的に自立し、自分だけの時間を過ごすことに喜びと楽しみを感じている状態を指します。

「ソリチュード」はこれまで「孤高」または「孤立」と訳されることが多かったよう

です。ただし、孤高というと、日本語では、何かを極めようとする求道者のようなイメージを持つ方もいるかもしれません。孤立も、別のニュアンスを感じます。私は、ソリチュードになるのに、何か人よりも特別な努力が必要だとは考えていません。なぜなら、ロンリネスもソリチュードも感じ方の問題だからです。先ほど申し上げたように孤独の苦しみは「心のクセ」が原因です。「悪い心のクセ＝ロンリネス」であり、「正しい心のクセ＝ソリチュード」なのです。

私は、ソリチュードを「幸せな孤独」と表現するとわかりやすいのではないかと思い、本書ではこの表現を用います。

幸せな孤独の究極のかたちが「孤高」「孤立」かもしれませんが、そこまでハードルを上げなくても、幸せな孤独は実現できます。人によりかからず、個性的で、自由に生きる。素敵な人生こそが「幸せな孤独」です。

冒頭で紹介した、仕事のない日は自分が思うままに行動しているＡさんも、油絵に没頭しながら、自分の時間を自由に使っているCさんも、「幸せな孤独」を実現している人と言ってもいいかもしれません。

人気テレビ番組の『孤独のグルメ』の主人公もそうでしょう。貿易商の彼は、いつも独りでご飯を食べています。しかも、自分のおなかの意思に素直に従い、お店を選び、メニューを選ぶ。自由に食を楽しむ姿に、ついひきつけられてしまいます。

「幸せな孤独」は、自ら孤独であることを選んでいます。

独りでいることに不安を感じることはなく、独りでいることが好きなのです。

私も、どちらかというと、独りでいるのが好きなタイプです。集団行動が苦手で、学生と一緒にゼミ合宿に出かけても、ふらふらとどこかに独りで出かけてしまいます。もちろん、仕事で人と接することは多いのですが、放っておいてもらえるなら独りで過ごしたいと思っています。

独りを好むのは、中学生の頃からのことです。昼休みにクラスのみんながサッカーで遊んでいるときに、私は、みんなの輪の中に入らないもう一人の子と2人で話しながら過ごしていました。

それでも小学生の頃は、無理にみんなと遊んでいました。みんなと遊べない自分がおかしいのかな、と思った時期もあります。でも、やりたくないことはやりたくない。それで、みんなから離れてみたら心地よかった。こうして静かに昼休みを過ごすのが自分にとっていいことだと思うと、グラウンドで楽しそうに遊んでいるみんなを見ても気にならなくなりました。

まさに、幸せな孤独です。

私は企業でのサラリーマン生活を9年経験しましたが、中学生の頃の昼休みと同じように最後まで馴染めませんでした。一緒に働いている人たちが嫌いなのではなく、集団で行動するのがどうしても苦手だったのです。

私は、たまたま大学に転職することができて、研究者としての仕事に就くことができましたが、サラリーマンのなかには、私と同じような思いのまま続けている方はたくさんいると思います。そういう方々に私が言えるのは、まわりと歩調を合わせられないことに孤独を感じる必要はないということです。

大学の教授、芸術家、アーティスト……、独りで黙々と何かを続けている人たちの多くは、自分をまわりに合わせる協調性があるようには見えないですよね。人の目を気にすることなく、自分のやりたいことを極めようとしていますよね。

それらは、幸せな孤独の究極系といえる「孤高」なのでしょう。

「寂しさ」は自分の脳が感じる錯覚

孤独感は主観的なものであり、個人差があります。同じ状況でも寂しいと感じる人もいれば、寂しさを感じないどころか、楽しいとさえ感じる人もいます。

そして、人間には、その感情を増幅させる愚かな特性があります。それを言い当てたのが、プリンストン大学名誉教授でノーベル経済学賞受賞者であるダニエル・カーネマンで、「フォーカシング・イリュージョン」です。

フォーカシング・イリュージョンとは、間違ったところに焦点を当ててしまうという意味です。

みなさんは、お金があれば幸せになれると思いますか？

半分正解で、半分不正解です。

カーネマンの研究によると、収入が上がるほど幸せになりますが、ある一定の額を超えると幸福度は変わらないといいます。その額は年収7万5000ドル。日本円にして約800万円です。

お金がなくても幸せになれるとは言えませんが、お金を稼げば稼ぐほど幸せになれるわけでもありません。これが、フォーカシング・イリュージョン。間違ったところに焦点を当てると間違った判断をすることになるのです。

「お金持ちになれば幸せになれる」といったフォーカシング・イリュージョンをつくるのは、多数派の価値観です。それが、孤独感を募らせる原因にもなります。

「みんなと遊べば幸せになれる」。これも、フォーカシング・イリュージョンです。私が、小学生の頃にみんなと遊ばないといけないと思ったのは、イリュージョンだったのです。現に、みんなと遊ばなくなっても、寂しくもなんともありませんでした。

「結婚すると幸せになれる」
「あの企業で働けると幸せになれる」
「あの学校に入学できると幸せになれる」
「みんなから注目されるようになると幸せになれる」

「友だちが多いと幸せになれる」……

世の中には「○○したら幸せになれる」という価値観のようなものがあります。

もちろん、そうすることで幸せになる人もいます。しかし、すべての人に当てはまるわけではありません。そうしなくても幸せになる方法はいくらでもあって、それを達成できないことに寂しさを感じる必要などまったくないのです。

最近はSNSの発達で「孤独の可視化」が表面化しています。「いいね」の数の多さに、一喜一憂するといった現象は、友人が多いいわゆる「リア充」のほうが優れているかのような価値観に支配されている証拠でしょう。まさに、フォーカシング・イリュージョンの代表例ではないかと思います。

もしかすると、みなさんの「寂しい」「悲しい」などの感情は、他人と比べることで生まれているものなのかもしれません。そうだとすると、自分の脳がつくり出した錯覚のようなもので、「悪い心のクセ」に過ぎないということです。

ただし、他人との比較ではない「寂しさ」は確かにあります。災害や不慮の事故で家族や親しい人を亡くしたり、高齢になって伴侶に先立たれたりした場合、どうしても寂しいという気持ちが消えないことはあるでしょう。それでも、先ほどご紹介したBさんやCさんのように、比較的早く「孤独感」から抜け出し、前向きに生きている人はいます。

愛する人がいないという事実は変えようがありませんが、その事実とどう向き合うかといった、心の持ち方しだいで「孤独感」はなくせます。

孤独は人間関係の苦しみから逃れる手段でもある

孤独であることそのものは、決して幸せを遠ざけるものではありません。

ドイツの哲学者であるアルトゥル・ショーペンハウアーは、こんな言葉を残しています。

「人間は孤独でいるかぎり、自分自身であり得るのだ。だから孤独を愛さない人間は、自由を愛さない人間にほかならぬ。孤独でいるときのみ人間は自由なのだから」

孤独であることは、自分にすべての選択権があるということでもあります。右へ行くのも、左へ行くのも、前に進むのも、後ろに進むのも、自由です。上司や同僚の顔色をうかがう必要もなければ、家族のことを考える必要もありません。ましてや世間の目など気にすることもありません。

自由を得るために孤独になる、という選択肢もあります。

「すべての悩みは対人関係の悩みである」と言ったのは、心理学者のアルフレッド・アドラーです。果たして、そこまで言い切ってしまうのが正しいかどうか議論があるでしょうが、アドラーは哲学としてそう言い切ります。

「孤独感」も思えば、対人関係における苦しみのひとつです。常識に縛られ、周囲と自分を比較し、意味もなく無力感に陥る「悪い心のクセ」に囚われているのです。

本来、人間にとって孤独は当たり前のことです。

独りぼっちの人も、仲間がたくさんいる人も、独りで生まれてきて、独りで死んでいきます。家族やパートナーと暮らしていても、大勢の人と仕事をしていても、たまたま一緒にいるだけで、私も独りですし、みなさんも独りなのです。

そう考えると、孤独をわざわざネガティブにとらえることはないと思いませんか？幸せな孤独を手に入れたほうが楽しい人生になると思いませんか？人生の苦しみの大半を占める、わずらわしい人間関係に縛られずに、自由で自分らしい生き方を追求できるのです。

みんながそういう方向を目指すような社会になると、孤独に悩んでいる人たちはきっといなくなると思います。

孤独というとマイナスのイメージを抱きがちですが、孤独であることは自分の意思で幸せをつかむための最大のチャンスでもあるのです。

第2章

孤独感に陥りやすい日本人

日本人の8割は心配性の遺伝子を持っている

孤独に悩み始める人は、「自分だけがどうして?」と、ほかの人たちは幸せで、自分だけが不幸だと思いがちです。そこが孤独感から抜け出せなくなる、最初のつまずきになります。

孤独を感じているのは、あなただけではありません。あなたのまわりにも、傍から見ると幸せそうで、楽しそうにしている人も、実は孤独に悩んでいるということもあります。

そもそも日本は、孤独に陥りやすい国でもあるのです。

ひとつは遺伝子にも原因があるようです。

あなたは、幸せホルモンと呼ばれる「セロトニン」という脳内物質のことを聞いたことがありますか？　セロトニンが分泌されると心が穏やかになり、ものごとを前向きにとらえることができるようになるといわれています。

このセロトニンを分泌する能力は遺伝子によって異なり、セロトニンを多くつくれるタイプがL型、多くつくれないタイプがS型。そして、LL型、SL型、SS型の3つに分類され、もっともセロトニンをつくれないのがSS型です。SS型は、別名「心配性の遺伝子」ともいわれています。

日本人の約7割は、このSS型です。一方、他国ではもっと少ない傾向がありま す。要するに、日本人はもともと心配性な人が多いのです。独りで暮らしていたり、誰かと違うことをしていたり、誰かに何か言われたりして、必要以上に不安になったり、疎外感を覚えたりするのは、遺伝子のせいなのかもしれないのです。

心配性という言葉にはネガティブなイメージがありますが、この遺伝子が日本人の得意な細かな作業を可能にしているというプラスの面もあります。

着物、神社仏閣、自動車、家電機器など、日本製のものには、細部までこだわり抜いた素晴らしい品質のものがたくさんあります。また、ものづくりだけではなく、人をもてなす細やかな心配りも海外のサービスと一線を画すといわれます。

このような日本人のどこまでも繊細な気遣いは、心配性の遺伝子の影響が大きいのではないかといわれています。


もちろん、額面通りにマイナスに働くこともあります。何かと悲観的に考えてしまうと、余計に不安感が増して頭から悩みや心配事が離れなくなります。

たとえば、新型コロナ対策としてのマスク着用への対応も、欧米人と日本人では大きな違いがありました。

欧米人はそれぞれに考えてマスクをつける人もいれば、つけない人もいました。マスク着用に納得できないとデモが起きた国もあります。日本人はほとんどの人がマスクをつけています。さらに、不安のあまり「どうしよう、どうしよう」と感染対策を徹底して部屋にこもったり、気づけばうつ病を発症したり、なかにはマスクをしていない人を糾弾する人まで現れました。

心配性の日本人が、独りであることに寂しさや悲しさを感じるのは　ごくふつうの感覚だというべきかもしれません。

なぜ、日本人は現状に不満を感じている人が多いのか？

さまざまな国の人々がどれだけ幸せに暮らしているか。そのひとつの目安として、毎年、国連が発表する世界幸福度調査（World Happiness Report）があります。

生活の満足度をアンケートで聞くとともに、その内訳を「GDP（ひとり当たり国内総生産）」「社会保障制度などの社会的支援」「健康寿命」「人生の自由度」「他者への寛容さ」「国への信頼度」の6項目で判断するものです。

日本のランキングはというと、2020年は62位、2021年は56位。わずかながら上昇していますが、その実感がある人はあまりいないと思います。そもそも世界第3位の経済大国なのに、幸福度が50位以内にも入らないのはいかがなものなのでしょうか。

なぜ、日本人の多くが現状に不満を感じているのでしょうか。

要因と考えられることのひとつは、明るい未来を見通せないことでしょう。

新型コロナをはじめとした感染症の拡大、頻発する自然災害、急激な進化を遂げるAI技術など、今、私たちを取り巻く環境は将来が非常に予測しづらい状況になっています。Volatility（変動性）、Uncertainty（不確実性）、Complexity（複雑性）、Ambiguity（曖昧性）という4つの単語の頭文字をとってVUCAの時代ともいわれますが、先行き不透明だといわれるのは、心配性の日本人としてはきつい話なのです。

さらに目の前には、経済成長の低下という現実もあります。

好調な業種はあるが、経済成長を支えてきた産業が斜陽化してきている。非正規社員が増え続けて、正社員には常にリストラの恐怖がある。将来的には年金も危うい。少子化には歯止めがかかる気配がない。なくなりつつある安心・安全な環境……。

考え始めるとキリがないほど不安が襲ってきます。なんともいえない閉塞感に覆われているのが、今の日本なのです。

この状況で、「未来は明るいですよ」と断言できる日本人がどれだけいるでしょうか。「日本はもうダメなんじゃないか」と考える人が多いのではないでしょうか。

本当に、日本はこの先、真っ暗なのでしょうか？

それは現実をどう受け止めるか次第だと思います。

たとえば、少子高齢化。マイナス面だけに目を向ければ、労働者がどんどん減少し、高齢者が街にあふれ、活気のない国になってしまいそうです。しかし、プラスの面に目を向けると、高齢者が増えるとともに、平均寿命が長くなっていきます。多くの人とともに長生きできることは、幸せなことだと思いませんか。

また、世界に先駆けて超高齢化社会を経験する日本だからこそ、新たな製品やサービスを生み出すチャンスがあると考えることもできます。

少ない生産年齢人口でたくさんの高齢者を養うことは若者に負担をかけることになりますが、人口減少でその割合が均衡してきたときには違う日本の姿が見えてくるはずです。

その先には、きっと希望に満ちあふれる未来があるのではないでしょうか。

「空気を読む」文化が孤独をつくる

日本人が孤独を感じやすい理由は、日本独特の文化にもあると考えられます。

それは、「空気を読む」文化です。

世の中には、言葉の巧みさや声のトーンやジェスチャーの緩急で見る者を惹きつけたり、士気を高めたり、的確な指示を出して多くの人を統率していくカリスマ的なリーダーがいます。

マイクロソフトの創業者ビル・ゲイツ、元アップルCEOのスティーブ・ジョブズ、宇宙開発企業スペースXの創設者イーロン・マスクなどがそうでしょう。

彼らに共通するのは表現力豊かなコミュニケーション力です。

もちろん、日本にもソフトバンクグループの孫正義氏やトヨタ自動車の豊田章男氏、楽天グループの三木谷浩史氏など、人々を惹きつけるリーダーはいます。しかし、多くの企業トップは、海外と比較してコミュニケーション力を重視していないといわれることが多いのも事実です。

日本人にコミュニケーション力を重視しない傾向があるのは、「言わなくても伝わる」という文化が根強く残っているからです。

日本には、それを良しとする言葉がたくさんあります。「以心伝心」「沈黙は金なり」「あうんの呼吸」「不言実行」「言わぬが花」「口は災いのもと」「行間を読め」……。「忖度」という言葉もそうでしょう。

言わなくても伝わるのは、深くわかり合っているときに限ります。ふつうは、話さないとコミュニケーションが成立しません。

日本に「空気を読む」文化が構築されたのは、日本語のコミュニケーションスタイルにも起因しています。

世界的に見て、日本語のコミュニケーションは、言葉以外に重きをおくハイコンテクスト。価値観や感覚、考え方などが非常に近いことが前提にあることで成立するコミュニケーションです。つまり、「空気を読める」のは、人種や文化的な多様性があまりない日本だからこそ可能だともいえるのです。

日本と対極にあるのがアメリカです。

アメリカは、人々がローコンテクストのコミュニケーションスタイルを持つ国です。人種のるつぼであるアメリカでは、さまざまな文化や背景、あるいは言語を持つ人たちが互いを理解するために言葉を使って語り合います。そのためアメリカでは、自分の考えを言語化、メッセージ化して話す教育が幼いころから徹底されています。

そうやって言葉を尽くしながら互いを理解していくからこそ、相手が本当に思っていること、考えていることを知ることができるのです。

「空気を読む」文化にいると孤独を感じやすいのは、相手の本意や社会の本質を間違って解釈することもあるからです。

上司に叱られた、同僚に指摘されたから、自分は嫌われている、阻害されていると思うのは勘違いかもしれないのです。よく話してみると、あなたのことを思って言ってくれていることだってあります。

友人や家族との会話の中で生まれたちょっとした誤解からくる孤独感も、思い違いだということもあります。

空気を読めるのは、日本人独特の感性ではありますが、それがあなたの孤独感を生んでいる原因になることもあります。もう少し相手とコミュニケーションをとってみるだけで、孤独から抜け出せることもあるはずです。

SNSは孤独を「見える化」した

はじめにでも触れましたが、私は、現代人が孤独を感じやすくなった原因のひとつは、SNSだと考えています。

SNSは、時間と距離を超えて誰かとつながるには、非常に便利なコミュニケーションツールです。ひと昔前までは、海外の人と、国内であっても離れた人とリアルタイムでつながるなんて夢の話でした。それが、SNSを使えば一瞬です。

いろいろな人とつながることができるようになったのと同時に、見えるようになったのは、ほかの人たちのつながりや行動です。SNSが普及していなかった頃は、友だちや恋人にどんな友人がいるのか、自分と離れた場所で誰と何をしているのか、見えることはありませんでした。

SNSの普及が、ほかの人と自分を比べるという、孤独感をつくる原因のひとつになっているのです。

ＳＮＳがなかった頃は、学校のクラスメート40人しか知らなかったからこそ、「自分はすごいことができる」と思うことができました。極端な例を挙げれば、「オレは総理大臣になる！」と本気で口に出せた時代です。皇族と結婚して天皇を産むと豪語していた同級生もいました。しかし今は、子どもの頃からほかの人の情報に触れることで、挑戦してもいないのにあきらめてしまうことが多くなりました。

自分で行動した後にリアルにすごい人に出会って、「自分は無理だ」と挫折することが本当の経験だと思います。

たとえば、「自分はできる」とスポーツの強豪校に入学して、本気でがんばったけれども、レギュラーを獲れずに挫折する。そのほうが、その後の成長の糧になるはずです。行動する前にあふれる情報に左右されて自分から行動を制約してしまうのは、あまりいい傾向とはいえないでしょう。

ＳＮＳで孤独を感じるわかりやすい例が、フォロワーや友だちの登録数を、ほかの人と比べて落ち込むパターンです。ＳＮＳを利用するとフォロワー数や登録数、閲覧数などは見たくなくても見えてしまうものですから、意識するのは仕方がありません。だからといって、比べるものでもないのです。ましてや、少ないからといって孤独を感じる必要はありません。

フォロワー数や登録数が多いからといって、それが孤独につながらないというわけではないからです。簡単につながりやすいということは、簡単に切れやすいことの裏返しでもあるし、必ずしも深い関係性が構築できているとはいえません。逆に、数が多いことで、少しでも減ってくると孤独を感じることもあると思います。極端に減ると、絶望感さえ覚える人もいるのではないでしょうか。

ＳＮＳは孤独を解消してくれるツールである半面、残酷なまでに孤独を見える化するツールでもあるのです。

２０３５年には日本人の約４割が独り暮らし

日本では、独りで暮らす人たちが確実に増えてきています。それは生涯未婚率や単身世帯数の推移を見てもよくわかります。独り暮らしが孤独感をつくる大きな要因であることは間違いありません。

日本の生涯未婚率（50歳時点で一度も結婚していない人の割合）が高くなり始めたのは、１９９０年代以降のことです。

２０１７年の『少子化社会対策白書』によると、

１９８０年　男性２・６％　女性が４・45％

２０１７年　男性23・37％　女性が14・６％。

さらに、国立社会保障・人口問題研究所の推計では、

2030年　男性29・5%　女性22・5%。

つまり、男性は3人に1人、女性は4人に1人が生涯独身の時代を迎えるというわけです。

単身世帯数に関しては、1980年の総世帯数に占める割合は19・8%でしたが、2010年は32・4%、2035年には37・2%が独り暮らしになると推計されています。

人生の選択肢として結婚を選ばない人たちが増えてきているのは事実です。経済的な問題もありますが、少子化でわかるように子どもを産むことに消極的な風潮もあります。何のために結婚するのか。それを男性も女性も自問自答するのが今の時代なのかもしれません。

特に、最近の女性はその思考が強くなっているようです。婚活に励む女性が多く見られたのは、もう10～15年前の話。最近は、独りでも楽しいという女性が増えてきています。

幸せな孤独を手に入れているのなら、それは素晴らしいことでもあります。

独り暮らしの人が孤独を感じやすくなるのは、ほかの人と接する機会が少なくなりやすい生活スタイルだからです。たとえ独り暮らしでも、友人や隣人との付き合いが多い人は、孤独感を覚えることは少ないでしょう。

世界には、すでに日本を超える単身世帯数の国もあります。ノルウェー、デンマーク、ドイツなどは、単身世帯数が4割近くに達しています。それでも、孤独が社会問題化しないのは、友人や職場の同僚、あるいは隣人などと過ごす時間が非常に多い国だからです。

その点、日本は不安を抱かざるを得ません。

OECD（経済協力開発機構）が2005年に調査した結果を見ると、日本人では、友人や同僚など他人とほとんど付き合わない人の割合は15・3％でした。平均の6・7％と比べて2倍以上の数字です。ドイツ3・5％、アメリカ3・1％、オランダ2・0％と比べると、日本人の人付き合いの少なさがよくわかります。

特に男性ほど高齢になればなるほど孤独になりやすい

ただでさえ人付き合いが少ないのに、年齢とともにさらに少なくなるのが、定年後の男性たちです。

街中を見回してみてください。集団で行動しているのはどんな人たちでしょうか。学生や社会人、女性たちだと思います。中高年以降の男性の集団を見かけることはほとんどないのではないでしょうか。


退職間近の男性の声を集めると、将来に不安を抱える人が多いようです。

「退職した後にやりたいことがわからない」

「仕事以外で、人とどう付き合えばいいのかわからない」

「趣味はあるが、新しい友人をつくる気になれない」

「無理をして人と付き合いたくない」……。

日本の男性は仕事に明け暮れた人が多く、退職後の人とのつながりに後ろ向きです。何十年も働き続けてきたことを考えれば、「退職後は家でのんびり」と思ってしまうのはわかりますが、それが孤独の始まりでもあります。


どうして男性は外に行きたがらないのでしょうか。

家族がうまく連れ出して地域デビューする人もいるようですが、そこで邪魔をするのがプライドです。

自治会やサークル活動に参加したものの、「私は取締役でした」「私は〇〇という会社を経営していた」と、過去の名声をひけらかしてしまう人がいます。口には出さないものの、自分は大企業の要職を務めた人間だからムダなおしゃべりや愛想笑いは性に合わないと、新たに人とつながるきっかけを自ら手放してしまうのです。


プライドは、本当に厄介なものです。

特に、終身雇用、年功序列という制度の中で着実に出世していき、部下を指揮するという権力を手に入れていった人は、そのプライドを実際よりも大きなものとしてとらえています。

カリフォルニア大学バークレー校のダッチャー・ケルトナー教授は長年の行動学の研究から「権力を持った人はそうではない人よりも無礼で、身勝手、そして非倫理的な行動をとりやすい」と結論づけています。

また、裕福な人はそうではない人より他人の感情を理解する共感力が低く、脱税といった非倫理的な行為も許されると思う人の割合が多かったそうです。

さらに、別の研究では、企業で権力を持つ人は職場でほかの人の話をさえぎる、会議中にほかの仕事をする、人に対して怒鳴る・侮辱する可能性が権力のない人の3倍だったという結果が出ています。

しかも、経済成長率の高かった以前の日本は、昇進するチャンスの多い社会でした。実力以上に出世し、気づかないうちにプライドを膨らませて、部下に甘える体質が育っていた可能性があります。そのため、定年後に参加したボランティア活動で、感謝してもらえないと拗ねたり、ひがんだり、恨んだりする人がいます。

ボランティア活動は対価のない奉仕です。それでも自分の働きを認めてほしいと思いすぎるのは甘えといえるでしょう。

さらに、このプライドが強固な場合は、人とのつながりを難しくしてしまいます。

人との関係性を深めるために相手に寄り添い、共感して理解することを強固なプライドが邪魔をしてしまうからです。

だからといって、長い間、働いてきた中で強くなったプライドを簡単に捨てることができないのが日本の中高年の男性。プライドを捨ててしまえばらくになるのに、とても不思議です。

男性と女性、どちらが孤独感に負けやすいのか？

世界的に見て、日本人は無口な人が多いと思われています。

沈黙を美徳とする文化があるからでしょう。言葉数だけではなく、日本人は見知らぬ人と話すのがあまり得意ではない印象があります。特に、東京などの都会では見知らぬ他人との垣根が非常に高くなりがちです。面識のない人にいきなり話しかけるのは失礼だと思ってしまうからかもしれません。

これには家や職場という閉鎖的な内側と、それ以外の外側の壁が厚く、社交性の欠如を生んでいるという背景もあります。特に、見知らぬ人には、極端に遠慮しているともいえます。

それを端的に表しているのが、尊敬語、謙譲語、丁寧語と相手との距離感に応じて3種類の敬語があることです。そのような言語は、日本以外にあまり見かけません。

アメリカでは日常的に初めて会った人と話す機会があります。電車の中でも、エレベーターの中でも、レストランでも何気ないきっかけでたわいのない話をしています。それがきっかけで知り合いになる人もいます。

そういう点では、大阪の人はややアメリカ寄りの気質があるのかもしれません。そのため、大阪から東京に転勤すると、東京の人が初めて会う人にあまり話しかけない姿を見て、カルチャーショックを受けることもあるようです。

ほかの多くの地域の人は、こんなことをしたら迷惑かもしれないと思う気持ちが強過ぎるのかもしれません。この「迷惑かも」という思考が日本の社会を息苦しいものにしている原因のひとつといえるでしょう。

先ほど、日本の中高年以上の男性は孤独に弱いという話をしましたが、女性はどうでしょうか？　実は、日本に限らず、世界的に見て、女性のほうがコミュニケーション能力に長けているようです。

というのは、女性のほうが、共感力が高いからです。

コミュニケーションには、相手の感情を読み取りながら、感情に訴えていく共感力も求められます。そのためには、言葉だけでなく、表情やしぐさなどからも感情を読み取る力が必要です。その力は、女性のほうが強いようなのです。

イギリスの調査によると男性が相手の表情から感情を見極めようとするとき、脳に通常の2倍の負荷がかかり、オランダの実験では女性が男性ホルモンを投与されると人の感情を読み取りづらくなるという結果が出ています。

ただ、感情に対して鈍感であることは、戦いの場では強みになります。人の感情を気にしていると大胆な決断ができないからです。そういう場面では役に立つ特性だといえますが、人とつながろうとしているときには障害になるというわけです。


しかも、多くの男性はあまり感情を表に出すことはありません。男ならちょっとのことで感情的になってならないという意識が強いからでしょうか。

一方で、女性は一般に感情をどんどん表現します。その感情を察した女性は同じような言葉を使って、言葉のキャッチボールをくり返していきます。実際、女性はよくしゃべります。女性は1日平均2万語を話すといわれます。男性は7000語。単純計算で、女性は男性の3倍話していることになります。

もともと男性は、ムダなおしゃべりが苦手な人も多いようです。目的もなく話すのが苦痛なのです。しかし、多くの女性にとって、話す目的は必要ありません。なぜなら、女性の雑談では多くの場合、話すこと自体が目的だからです。そして、相手の感情を察しながらいとも簡単に共感という絆をつくっていきます。

その点、男性は一般に共感が苦手で、目的のない会話に苦痛を覚えるなど、会話をするうえでハンデを抱えているといえます。それを乗り越えることができない男性は、結果的に孤独に陥りやすくなるわけです。

孤独に陥るのは都会暮らしの代償？

社会環境の変化も、孤独をつくる一因です。

家長を中心にした家族のあり方を大切にし、助け合いながら生活していた村社会のつながりは、いまや年々希薄になってきています。それらを補完していた企業など組織への帰属意識や連帯感も働き方改革とともに脆弱になってきています。

その原因のひとつは、都市への人口集中です。

2014年の国連の都市化予測を見ると、日本の都市化率（都市部に住む人口の割合）が年々上昇しているのがわかります。1950年は53・4%、2015年は93・5%、そして2050年97・7%と、人口のほとんどが都市部に住んでいることになります。

都市部で生活するようになると、当然のように空中分解するのが村社会型の心のセーフティネットです。地域や隣近所との密なつながりによって、貧しくても互いを支え合いながら生きることができた環境が失われてしまうことになります。

どうして地方から都市部に流れてくる人が多いのかというと、都会には仕事があるからです。また、村社会における狭い人間関係による濃密なつながりや束縛を嫌う人が増えてきたからです。そして対極にある自由な都市生活を選択する。必然的に核家族化が進むことになります。

１９６０年代の高度経済成長期、１９８０年代後半～１９９０年代初期のバブル景気のような豊かな時代であれば、「まわりの人のお世話にならなくてもかまいません」といえる核家族はらくな暮らし方だったと思います。しかし、そういう社会は経済が成長しているときしか通用しないものです。

それでも２０１４年のＮＨＫによる日本人の意識調査を見ると、親戚、隣人、職場の人たちと深い人間関係を求める割合は右肩下がりです。つまり、多くの人は、今も形式的で部分的な付き合いだけを求めているのです。

高度経済成長は終止符を打ち、バブルが弾けても暮らし方はそのときのまま。人とのつながりを軽視して、孤独という代償がついて回る核家族状態が続いています。それが現代の日本社会なのです。

自由な暮らしを求めた都会暮らしが、逆に多大なストレスを与えているという研究もあります。そのため、都市生活者の脳はストレスにうまく対処できなかったり、不安障害に陥りやすかったり、統合失調症の高いリスクを抱えたりしているそうです。

人類学の視点でも、都市という自然の少ない環境の中で孤独感を抱えながら生きることは、自然の摂理に反しているという根強い説があります。

アメリカの世論調査に基づいた研究では、幸福度が高いのは田舎の小さな町、郊外、人口25万人以下の町、人口25万人以上の大都市という順番になります。

55歳以上を対象にしたイギリスの調査でも、ロンドンに住む90%の人が寂しい思いをすることがあると答え、地方のウェールズでは66%と数値が低かったそうです。


村社会のなかでうまく生きていくためには、人と向き合い、話し合い、折り合いをつけるという面倒な作業があるのはわかります。

しかし、その面倒を避け、わずらわしい人間関係を遠ざけてしまった結果、自由を得ると同時に孤独を生み出す原因のひとつをつくっていることを忘れてはいけません。

他人とかかわる時間が世界一少ない日本

数字で見ると、日本人が孤独に陥りやすい状況がよくわかります。

60歳以上を対象にした内閣府の「高齢者の生活と意識に関する国際比較調査」（2014年度）の結果を見ると、他人とかかわる機会が少ない日本の高齢者が浮かび上がってきます。

たとえば、同居の家族以外に頼れる人という質問で「友人」「近所の人」と答えた割合は、アメリカと比べると大きく下回ります。一方で、2010年度の同じ調査によると、心の支えになっている人は「配偶者あるいはパートナー」と答えた男性の割合は、アメリカを大きく上回ります。

これらの結果から、日本の高齢者は他人とのつながりよりも、家族との関係性を重視する傾向が強いということがいえます。

また、ＯＥＣＤの調査でも、欧米と比べると、他人とかかわる機会が少ない日本人が際立ちます。

また、アメリカ人は平均して3つ以上のコミュニティに参加していますが、日本人は0・8。日本人はコミュニティにひとつも参加していない人が多いのも特徴です。日本は個人と国や自治体の間にあるはずのコミュニティ数が、欧米に比べて極端に少ないのもひとつの理由です。

たとえば、２０１０年のアメリカのＮＰＯ法人数は約１３０万、日本のＮＰＯ法人数は約４万２０００。30倍以上の差があります。

しかも、アメリカのＮＰＯ法人は環境問題、貧困対策、性差別、ホームレス、人種差別、薬物依存、途上国支援など、さまざまな社会問題を扱っていますが、日本においてはほとんどの福祉サービスを公的機関が提供しています。アメリカのようなセーフティネットになり得るコミュニティが発達することは、日本の孤独問題を解決するヒントになるかもしれません。

家族以外の社会や地域のコミュニティにおける人々の相互関係や結びつきの重要性を示すソーシャルキャピタル（社会関係資本）からも、日本人が他人とのつながりに距離を置いていることがわかります。

ソーシャルキャピタルには社会の結束力や人間関係の豊かさを示す3つの指標があります。ひとつは、隣近所、親戚、職場の同僚などとのつながりや、スポーツ・趣味などのコミュニティに参加する「付き合い・交流」、次にそこで出会う人たちに対する「期待や信頼」、最後に地域活動、ボランティア、NPOなどの活動に「参加すること」です。日本は、いずれも低い水準にとどまっています。

そのため、世界繁栄指数の2020年ランキングは、アジアではシンガポール、香港に次ぐ3位、世界全体では19位にもかかわらず、ソーシャルキャピタルだけが167カ国中140位です。

このソーシャルキャピタルと健康の間に相関関係があることは、数多くの研究で明らかになっています。

日本の高齢者は世界でもっとも不幸なの？

欧米では、高齢になるほど性格が穏やかになり、優しくなるといいます。

科学的にもそれを実証するデータが多いようです。たとえば、２０１７年、イギリス・ケンブリッジ大学の脳科学者は、年を重ねるほど脳の前頭前皮質が薄くなり、しわが増えることから気が長くなって穏やかになると分析した結果を発表しています。

また、年を重ねるほど幸せだと思う高齢者が多いのも、欧米の調査で表れる顕著な傾向です。アメリカ・ノースウェスタン大学の研究では、83カ国の20万人を30年間調査した結果、人は年を重ねるほど他人を信用できるようになり、幸せを感じるという答えが多いようです。

年代別の幸福度を追ったイギリス政府の調査でも、先進国において幸せは若い頃にもっとも高くなり、40代で低くなります。そして高齢になると再び上昇するU字型のカーブを描く国が多いという結果が出ています。

イギリスのエコノミスト誌は、「年を重ねると争いごとが少なくなるだけでなく、争いに対してよりよい解決法を見出せる。感情をコントロールして怒らなくなる。死が近づくことで今を生きることがうまくなる」と分析しています。


しかし、日本では事情が少し異なるようです。

日本の場合、先ほどのイギリスのようなU字型ではなく、L字型に近いカーブになり、幸福度がそれほど上がらないというデータがあります。研究によっては日本でもU字型になるという結果も出ていますが、前者の結果に基づいて述べましょう。

年を重ねることでの病気や身体的な不自由さに対する不安はあるかもしれません

が、それは世界共通のこと。また、経済面において、日本の高齢者はそれほど困っているとは思えません。

だとしたら、ほかの国々のように幸福度が上がらないのはどうしてなのでしょうか。


大きな要因と考えられるのは、社会的な孤立です。

昭和の頃のような二世代、三世代世帯が減少し、単独世帯、夫婦のみ世帯が増え続けていることで社会的に孤立することが多くなってきています。また今後は、婚姻率の低下、離婚率の上昇も高齢者の孤立を深刻化させる可能性があります。

近隣との交流がなくても生活できる利便性の向上も、孤立のリスクを高めています。自力で動けるうちは、近所のコンビニやスーパーへ行けば、不自由なく暮らせるからです。この利便性と治安の良さは、高齢でなくても、引きこもりから抜け出せない、正確にいうと抜け出さなくてもいい一因になっているように思います。

このことは、健康上の理由で動けなくなったときに、頼れる人がいない状況を生み出してしまうことにつながります。

そして最悪の場合、社会問題にもなっている孤独死を迎えることになるのです。

日本は親孝行ランキング最下位

家族間の関係が希薄になってきているのも、心配なところです。

最近は、「親孝行」という言葉をあまり聞かなくなりました。進学や就職、結婚などで親元を離れるとなかなか実家に帰ろうとすることもなく、たまに電話をかける程度だという人が多いようです。

それでも盆や正月の年2回だけは実家に帰省する人で新幹線や航空機が満席になったりしますが、親孝行というよりも義務感が強かったりします。そのため、夫あるいは妻の実家に帰ることに愚痴をこぼす人もいます。年2回、しかも数日の帰省でさえもわずらわしいものになっているようです。

一方で、アメリカではサンクスギビング（感謝祭）やクリスマス、中国では旧正月など家族や親戚が一堂に集まり、祝う習慣が続いています。

また、世界的には盆や正月といった行事以外でも実家に足を運ぶ人は多く見られます。日本よりも家族の関係性が深いといえるでしょう。

もちろん、日本人でも初任給で親にプレゼントを贈ったり、まめに電話で話したり、孫の顔を見せたり、同居する人もいます。しかし、日本全体としては親子関係の希薄化が急速に進んでいるのは間違いないでしょう。

それを証明するように、２００４年の内閣府の調査によると高齢の親を扶養することについて「どんなことをしてでも親を養う」と回答した割合はアメリカ、イギリス、フランス、韓国などよりも低いものでした。

別の調査でも親の世話をどうしたらいいか「わからない」と答える割合が、日本は31・5％。中国は２・９％、アメリカは17・２％、韓国は７・７％。最終的に親孝行ランキングで日本は最下位と結論づけられたそうです。

親子関係の希薄化が急速に進んだのは、高度経済成長の時代に親元を離れる人が激増したことが理由のひとつだと考えられます。

そのまま都会暮らしを始めた人たちは、生活の豊かさから核家族化していき、気づけば二世代、三世代住宅が少数派になっていきました。そして、人とのつながりを失っていったというわけです。

それでも唯一の頼れる存在であるのは家族です。関係の希薄化がこのまま進んでいけば、絶望的な孤独を抱える人が増えていくのは当然の流れだと思います。

だからといって、以前のように同居すればいいかというと、そう単純でもないでしょう。長い間、別居していた家族が一緒に暮らすことになれば、少なからずストレスを感じるようになるからです。

親が介護を必要とする状況になると、なおさら互いにストレスを抱えるようになると考えられます。そのためにも、適切な距離感を保ちながら、電話をかける、一緒に出かける、記念日を祝う、実家を訪ねるなど、ふれあう回数を増やしていくことで、少しずつ希薄化していた関係性の濃度を高めていくことが大切でしょう。

できないことに目を向ける日本、できることに目を向けるアメリカ

日本人が孤独を感じやすいのは、教育にも原因があると考えられます。個人的には、かなり大きな要因ではないかと思っています。

アメリカには子どもの頃からほめて育てる文化があります。

しかも、親が見るのは結果ではなく、プロセスです。成功か失敗かではなく、チャ

レンジしたかどうか。そのうえで、親や周囲の大人がその人の行動を否定せずに勇気づけてくれる環境がアメリカにはあります。「ここはできたね。よくがんばった。さらにこの部分を理解すると、もっとできるようになるよ」と。

そうしたほめられる経験をいくつも積み重ねていくと、「自分はできる」という自信が育ちます。


アメリカがゼロをプラスにする教育なら、日本はマイナスをゼロにする教育です。つまり、できることではなく、できないことに目を向けがちです。「どうしてこの計算を間違うの」「どうしてボタンをかけ違えるの」「キレイに歯を磨けないの」、苦手を見つけて克服させようとします。

そうすると、子どもたちも、偏差値やテストの結果などを、他人と比べてしまうようになります。ほかの人が気になるようになると、誰もやっていない斬新なことをしようと思っても、ついブレーキを踏みがちになります。

日本の教育で問題だと思うのは、マイナスからゼロにする育て方をすると、アメリカのようにほめたり、勇気づけたりするよりも叱ってしまうことが多くなることです。いつも親から叱られる子どもは、自信を持てなくなります。どんなに優れた面を持っていても、「まだ自分はダメだ」と思い込んでしまいます。

つまり、自己肯定感の低い人間になってしまうのです。

子どもの頃から自己肯定感の高いアメリカ人は、自信満々です。

そのため、アメリカでは給与水準が低い傾向があるブルーカラーの人であっても「これはオレの天職だぜ」「この仕事を誇りに思っている」と、堂々と言い放ちます。

給与水準において平等な社会を構築している北欧では、自分の仕事に対する誇りはさらに強くなります。医師と弁護士、そして工事現場で働く労働者の給与の差が日本よりも小さいこともあって、「僕は街をきれいにするためにコンストラクトしている、君は病気を治すためにコンストラクトしている、一緒だね」といった話をします。

北欧では、自己肯定感を高める教育も進んでいます。たとえば、フィンランドで出会ったトナカイを飼っている少年は、学校の成績はあまりよくありませんでした。それでも、「自分を信じる絶対的な力を持っているので問題ない」。その強烈なインパクトが、今でも強く印象に残っています。ここまで堂々と自信を持って答えられる日本人の子どもは、いまだ見たことがありません。

アメリカでは大人になっても、互いをほめることが習慣になっています。日常生活では「その服、似合っているね」「今日の髪型も素敵です」など次々に人を喜ばせる言葉が出てきます。それが社交辞令だとしても、言われたほうは気分がよくなります。職場でも社員同士がほめ合い、認め合っている姿がよく見られます。そういう意味で、ほめ言葉は自信を育むだけではなく、コミュニケーションの潤滑油にもなっているともいえます。

日本では誰かをほめることに「お世辞」「社交辞令」「おべっか」「二枚舌」「ほめ殺

し」など否定的な言葉がつきまといます。やたらにほめることは上っ面だけの行為のようにとらえられる傾向があるからでしょう。その結果、「信頼できない」「何か裏がある」と思われがちです。

特に、日本人男性はほめることをためらいます。「チャラい」「軽率」という偏見を持たれることがあるからです。ほめ過ぎはよくないと考えてしまいそうですが、元々ほめない傾向のある日本人です。どんなにほめても過ぎることはないと思います。

ここまでさまざまな角度から、日本人と孤独の関係を話してきました。

孤独に悩んでいるのは、あなただけではない、ということをわかっていただけたでしょうか? もしかすると、隣にいる人も、毎日顔を合わせる人も、先ほど電車ですれ違った人も、孤独に悩んでいるかもしれません。

それほど、孤独が身近にあるのが日本人なのです。

第3章

孤独感は心だけでなく体をむしばむ

世界中に蔓延する「孤独病」という伝染病

孤独がいま社会的な問題とされてきているのは、幸せな孤独を手に入れられないままでいると、心も体も病むことになるからです。それは日本だけの話ではなく、世界各国で取り組みが始まっている最優先課題のひとつでもあります。

イギリスの市民団体の調査では、「寂しい」と感じる大人が68％に上り、年代別で見ると18〜34歳の間で83％ともっとも高い水準を示したそうです。人とかかわる機会が年々減少し、高齢者にいたっては、約4割の人が心のよりどころとしているのはテレビだと答えているそうです。

世界最大の高齢者団体であるＡＡＲＰ（全米退職者協会）が２０１０年に45歳以上のアメリカ人を対象に行った調査では、35％が孤独感を持っていると答えています。またシカゴ大学で実施された社会調査によると、親しい友人がいない人は約20年間で3倍に増加しているといいます。

オーストラリアの市民団体の調査でも、82・5％が孤独感を持つ機会が増えているといい、中国では子どもが巣立った高齢者だけの世帯が増え、10年間で倍増していいます。いまや「孤独病」は、世界中に蔓延する病でもあるのです。

2009年、シカゴ大学のジョン・カシオッポ教授は、孤独病を次のように結論づけました。喜怒哀楽の感情が周囲にいる人を同じ気分にさせる伝染効果があるのと同じように、孤独からの寂しさも波及する傾向があり、「寂しさはインフルエンザのように人から人に感染する」。

そして、人は寂しくなると他人を信用しにくくなり、友人関係を構築するのが難しくなる悪循環に陥るという指摘も加えています。

2017年には、アメリカ心理学会で「多くの国々で、孤独伝染病が蔓延している」と警鐘が鳴らされました。

そして２０１８年になると、イギリスが世界に先駆けて『孤独担当大臣』を任命。現代の伝染病である孤独に対して先進的な取り組みを始めています。特に、男性は孤独の犠牲者になりやすいという視点から数多くの研究・啓発・対策が行われています。

そしてイギリスに遅れること3年、ついに日本でも２０２１年2月から内閣官房に『孤独・孤立対策担当大臣』が任命され、同時に『孤独・孤立対策担当室』が設置されることになりました。

問題は「孤独死」より「孤独による死」。孤独が死亡リスクを2倍にする

孤独が世界的な社会問題となってきているのは、孤独がもたらす健康被害です。

あなたも、「孤独死」という言葉をメディアで目にしたことがあると思います。独り暮らしの方が、突発的な病気の発症や持病の悪化などで誰にも看取られることなく亡くなる。日本でも以前から問題視されてきたテーマでもあります。

体調を崩しても誰にも頼ることができず、適切なケアも受けられない。その恐怖感は、想像しただけでもつらく、苦しいものです。孤独の問題は、こうした救える命を救えなくなることに加えて、孤独感そのものが病気を発症する、または悪化させる原因になることです。

現在は新型コロナウイルスの感染拡大の影響を受けたことで、コロナ前のように家族、友人、職場の同僚にも会えずに社会的孤立を感じている人は増えています。

また、感染対策として必要なソーシャルディスタンシングとして周囲の人と約2メートルの距離をとることを求められています。そのため、アメリカの調査では、「孤独を感じている」と答える人が3人に1人以上と増加の傾向を強めています。

このように孤独感を強めてしまう今の状況は、気づかないうちに人の心身を蝕み、寿命を縮めることにつながります。

アメリカ・プリガムヤング大学のジュリアン・ホルトランスタッド教授は、2010年に「社会的なつながりを持つ人は、持たない人と比べて早期死亡リスクが50％低下する」という研究結果を発表しました。

そして孤立することのリスクは、

①たばこを1日15本吸うことに匹敵する

②アルコール依存症に匹敵する

③運動をしないことよりも高い

④肥満の2倍高い

と結論づけました。

また、ホルトランスタッド教授は2015年に、社会的孤立の場合は29%、孤独の場合は26%、独り暮らしの場合は32%も死亡する確率が高まるという結果も発表しました。

2005年のオーストラリアの研究でも同じような結果が出ています。加えて、子どもや親戚などとの関係性は長生きに関係ないが、友だちが多い人はほとんどいない人よりも長生きすると報告されています。

孤独感が健康に与える悪影響は多岐にわたるのも特徴です。

うつ病、統合失調症、薬物やアルコール中毒などの依存症といった心の病気、がん、脳卒中、免疫力低下による肺炎などの身体的な病気など、死亡リスクだけではなく、病気を発症するリスクも高めるのが孤独感なのです。

孤独は心疾患リスクを29％、心臓発作のリスクを32％上昇させる

孤独による身体的な影響については、たくさんの医学的な研究が発表されています。たとえば、冠動脈性の心疾患リスクを29％、心臓発作のリスクを32％上げます。これは孤独感が血圧を上昇させ、炎症を起こすことで動脈硬化や心筋梗塞のリスクが上昇するのが原因だと考えられています。

また、孤独感には、体重減少や運動による血圧低下の効果を相殺してしまう負の効果があることも伝えられています。それによって日常生活における入浴、着替え、階段の上り下り、歩行にいたるまで支障をきたしやすくなるといいます。

急性心筋梗塞で入院した高齢男女を対象にした研究によると、見舞いなどのサポートのない人はサポートのある人と比較して、半年後の死亡率が2・9倍増加するとい

郵 便 は が き

切手を
お貼りください

105-0003

（受取人）

東京都港区西新橋2-23-1
3東洋海事ビル

（株）アスコム

幸せな孤独
「幸福学博士」が教える「孤独」を幸せに変える方法

読者　係

本書をお買いあげ頂き、誠にありがとうございました。お手数ですが、今後の出版の参考のため各項目にご記入のうえ、弊社までご返送ください。

お名前	男・女	才
ご住所　〒		
Tel	E-mail	
この本の満足度は何％ですか？		％
今後、著者や新刊に関する情報、新企画へのアンケート、セミナーのご案内などを郵送またはｅメールにて送付させていただいてもよろしいでしょうか？ □はい　□いいえ		

●本書へのご意見・ご感想をお聞かせください。

ご協力ありがとうございました。

う報告もあります。これまで生活習慣病は、不適切な食事や運動不足が主な原因といわれてきました。しかし、生活習慣病の発症に孤独感という新たな原因も加わったということです。

そんな孤独感も含めた健康的な6つの生活習慣が「一無、二少、三多」です。
「一無」は、無煙。たばこを吸わないこと。
「二少」は、少食と少酒。食べ過ぎず、お酒を飲み過ぎないこと。
「三多」は、多動、多休、多接。十分に体を動かして、しっかり休養をとり、そして社会との接点を増やすことです。

最近の研究では、孤独感は2型糖尿病（元々の遺伝的要素に加えて、生活習慣の悪化が加わって発症する糖尿病）を発症させる有意なリスク因子であるという報告がイギリスで発表されました。

糖尿病ではない4112人を2006～2017年にかけて追跡した結果、264

人が2型糖尿病を発症したといいます。その原因として、孤独感の強いことが発症を41％増やしていたことがわかりました。

また、知り合いが多い人のほうが少ない人よりも、2型糖尿病の発症リスクが低いという報告もあります。オランダの地域住民2861人を対象としたこの研究では、知り合いが一人少なくなるごとに2型糖尿病の発症は女性で12％、男性で10％高くなるという結果でした。特に、独り暮らしの男性は、発症する確率がそうではない人に比べて84％高いということが明らかになっています。

孤独感は認知機能の衰えを加速する

孤独感は脳の機能にも悪影響をおよぼします。

たとえば、孤独な人はそうでない人と比べて、20％速いペースで認知機能が衰えます。孤独感を抱える人が認知症あるいはアルツハイマー病になるリスクは、そうではない人の2・1倍だといわれます。

孤独感によって脳はどのような状態になるのでしょうか。

これまでは、孤独感を覚えたときに脳に表れる「孤独脳」が存在すると示唆されることがありました。ただ、この説はサンプル数が少ないようです。

日常的に孤独を感じていると、慢性痛と同じで心身に悪影響を及ぼす可能性があるという指摘もあります。これは、人は社会から拒絶されると、身体的痛みを感じたときと同じ脳の領域（背側前帯状皮質）が活性化されることがわかっているからです。

また、他人と一緒に作業をしたり、他人から必要とされたりするという自己認識や、会話によって脳が活性化するかどうかで認知症の発症リスクがまったく異なることがわかってきています。そのため家族のいない人で、友だちのいない高齢者の認知機能が低下するリスクはかなり高いと想定されています。

最新の研究では、カナダ・マギル大学の研究チームによって、孤独を感じている人はそうではない人と比べて、想像を司る脳の部分が発達していることがわかりました。

3万8701人分の脳のMRIスキャンから「孤独を頻繁に感じている」人の脳がどのように機能しているかを調べたといいます。

その結果、孤独を感じている人たちは、「思い出にふける」「将来を計画する」「ほかの人のことを考えたり想像したりする」ことに関連するデフォルト・モード・ネットワークが発達していることがわかりました。

その理由として孤独感を抱えた人は、想像力を使って過去の出来事を思い出したり、将来の希望を思い描いたりして、実際の社会的な交流の欠如を補っているからではないかと考えられています。

また、このネットワークが発達する一方で、使用されないネットワークが衰えることで認知症のリスクが高まるのかもしれないという見方もあります。

心の病の引き金になる孤独感

孤独感は、心にダメージを与えます。

職場に話したくないほど嫌な上司がいる、好きな人にふられる、理不尽に怒られる、失敗する、恥をかくなど、第三者から見るとたいしたことがないように見えることでも、本人は孤独を感じることがあります。

その小さなダメージが積み重なり、心の病の引き金になることがあります。孤独感を抱えたことで誰とも話したくなくなり、さらに孤立を深めていく。そしてストレスがどんどん溜まっていき、やがて統合失調症やうつ病を発症することになるのです。

心の病に関していえば、もし孤独感から心のバランスが崩れてきたことに気づいたら、我慢することなく専門医に相談することをおすすめします。早期に対処することで心の病からだけでなく、孤独感から抜け出すことも可能になります。
というのは、心の病が増えてきている背景には、診断基準が下がってきていることがあると考えられるからです。

ハラスメントが問題視されている今と比べると、ひと昔前のほうが職場でのハラスメント行為は多かったと思われます。しかし、心の病を訴える人は、それほど多くありませんでした。なぜなら、会社に行きたくない、学校へ行きたくないという人は、「根性のないやつ」というひと言で片づけられていたからです。
心の病が根性でどうにかなるものでないのは明らかなのに、恐ろしい話です。

その点、現在は、心の状態が悪いと、その特徴から、うつ、ADHD（注意欠如・多動症）、パーソナリティー障害、HSP（ハイリー・センシティブ・パーソン）などと診断してもらえます。病気だと診断されるだけ気持ちが軽くなる場合もあります。「どうして自分だけは、少し怒られただけでこんなにくよくよするのか」と考えていた人も、病気だとわかることで安心できるからなのでしょう。

心の病気が明確になってきたことは、ある意味で生きやすくなったとも考えられます。以前は、「うつです」と口にできない風潮がありました。でも、今では「うつは心の風邪」だと考える人も増えてきています。

私のところには、「今、うつなんですよね」と平気で話している学生もいます。いい意味でも悪い意味でも、心の調子の悪さにレッテルは貼れる時代になったということでしょう。

だからこそ、心のバランスが崩れていることに気づいたら、我慢することなく、早めに診てもらうことが肝心なのです。

孤独感はパフォーマンスを著しく落とすことになる

心の状態が悪くなると、健康リスクが高まるだけでなく、仕事や勉強などのパフォーマンスや創造性の低下、判断ミスにつながることもあります。

2010年、シカゴ大学を中心とする研究チームは、「孤独感が強いと、睡眠の量や質が低下して日中の活動でパフォーマンスが低下する」という仮説を立て、孤独感、日中の疲労感や眠気、エネルギー不足、日中の気分の落ち込み、睡眠時間などを測定する実験を行いました。

その結果、孤独感を抱える人は、日中の疲労感や眠気が強い傾向があることが明らかになりました。また、なかなか寝付けなかったり、夜中に起きてしまったりするなど、睡眠の質も低下していたといいます。

さらに、孤独感が強いほどその状態は続く傾向があり、さらに孤独感を強めることになるという負のループに陥ることもわかりました。


仕事は勉強とは異なり、一人で完結できるものはそれほど多くありません。つまり、孤独感から誰かがパフォーマンスを発揮できなくなると、そのメンバーを抱えるチームや組織も、パフォーマンスを発揮できなくなるということです。

もっと大きな視点に立つと、孤独感に悩む人が増えるほど、大きな社会的損失につながるともいえるのです。

私たち人間は、古くから孤独を避けて生きてきました。そのため、狩猟民族なら獲物を狩るときにはチームを組み、日本人は集団で稲作をしながら社会を形成し、維持してきました。そうすることが、組織のパフォーマンスを発揮することにつながることがわかっていたからです。

それは、今も変わらない、組織や集団を維持する方法です。孤独感が生まれないように家族や友人、コミュニティ、そして職場での人間関係を深めていくことがあらゆる面で大切なことなのです。

孤独感は「不機嫌な高齢者」を増加させる

「暴走老人」「わがままじいさん」「正論じいさん」……。日本では、病院の受付で怒鳴ったり、飲食店のサービスに何かと文句をつけたり、自分の考えを押し通そうとしたり、ひどいときには暴力行為におよんでしまう高齢者が問題になることがあります。

一方で、欧米では年をとるほど性格が穏やかになり、優しい人になるという根強い考え方があり、科学的にも結論づけられています。

法務省の犯罪白書（2019年度）を見ると、何らかの犯罪で摘発された65歳以上の人は1989年の2・1％に比べて、2018年には21・7％まで増加しています。また、犯した罪のなかでも暴行・傷害は1989年の2・9％から13・5％まで増えています。

どうして日本の高齢者はそんなに不機嫌になるのでしょうか。

高齢になると、脳の前頭葉の機能が低下することで判断ミスをしたり、感情のコントロールが利かなくなったり、怒りやすくなったりするとはいわれています。

しかし、不機嫌な高齢者が増えている原因は、脳の機能の低下だけとは言い切れません。社会的な背景も関係していると考えられます。

家長が存在する家制度が機能していた時代は、家庭では女性の立場が弱く、男性に逆らうことは難しいものでした。しかし、今では妻の立場が強い家庭が増えています。そのため、男性が家庭で孤立する傾向があります。

職場も以前は年功序列で昇進・昇給も年齢に比例して上昇していました。しかし、今では能力がなければ昇進はできず、自分より若い社員が上司になることも増えています。長い間、会社に貢献してきた高齢の男性にとって、この状況は不満であり、居場所をなくしたような孤独感を抱え込むことになります。

どちらも満たしたいのは、承認欲求です。

対策のひとつが、定年前から仕事以外で友人をつくる機会を増やすことです。

定年までは仕事に全力を尽くしたいと考えがちですが、定年を迎えると、そこで築いたほとんどの人間関係はすっぽりなくなってしまいます。社会的孤立に陥る前に、無理のない範囲で定年後も続く関係づくりをしておくことをおすすめします。

孤独感があると、寂しい、悲しいなどのネガティブな感情になるだけでなく、その状態が長く続くと、やがて心も体もボロボロになってしまいます。

抜け出すためには、人間関係づくりに加えて「幸せな孤独」を手に入れることが重要です。次の章からは、その方法について話していくことにしましょう。

第4章

「幸せな孤独」になるための3つの要素

物質的な幸せは長続きしない

ここからは、幸せな孤独を手に入れる方法について話していくことにします。
それでは質問です。あなたにとっての幸せとは、どういったものでしょうか？

・お金持ちになること
・素敵な人と結婚すること
・夢をかなえること
・いつも友だちがまわりにたくさんいること
・みんなから注目される存在になること
・ふつうの生活ができること

人それぞれに、いろいろな幸せがあると思います。その幸せを手に入れたときに孤独感から解放されるなら、どれも正しい幸せです。

もちろん、独りのまま幸せになる人もいれば、誰かと一緒に幸せになる人もいるでしょう。それは単なるひとつのスタイルに過ぎないことなので、あなたが幸せになるなら何も気にすることはありません。

ただし、私は、幸せは多様でも、基本メカニズムは単純なのではないかと考えています。それは、私が研究を続けている幸福学という学問により裏づけられています。そして、幸せへの道筋を明確にすることができれば、もっとたくさんの人たちが幸せになれるのでないかと思っています。


どうして道筋が必要なのかというと、ダイエットと同じで、メカニズムを理解していないと、何度トライしてもゴールにたどりつくことが難しくなるからです。幸せになろうとしては傷つき、裏切られ、失望し、それでもあきらめなければ希望はあります。しかし、やがてどうしていいかわからなくなると、あきらめてしまうことになります。人生をあきらめてしまうのは、とても不幸なことです。

幸せのメカニズムを理解するために、最初に気づいてほしいのは、幸せには長続きする幸せと、長続きしない幸せがあるということです。長続きしないと表現すると、「それは幸せとは言わない」と指摘されそうですが、ものすごく短い幸せなら、「私は不幸です」という人にもあると思います。

うれしい、楽しい、気持ちいいといった、幸せなときに生まれる感情があります。たとえ自宅に引きこもっていたとしても、テレビやユーチューブなどを見ていて、クスっと笑ってしまったり、楽しい気持ちになったりすることがあるのではないでしょうか。

ゲームばかりしていても、ハイスコアを出したり、格闘ゲームで相手を倒したりすれば、爽快感や達成感に満たされることもあるのではないでしょうか。

そうした感情的に幸せな状態のことを、英語では「happiness」（ハピネス）と表現されます。「happiness」という言葉はいい響きですし、聞くだけでなんとなく幸せな気持ちにさせてくれますが、あっという間に消えるものでもあります。

幸福学が目指す幸せは、それとは異なります。

幸福学が目指すのは、「well-being」。

長続きする幸せです。幸せな孤独もまた、「well-being」。欧米における幸福研究は、一般には「well-being study」のことをさしています。

それでは、長続きする幸せとは、どんな幸せなのでしょうか？

わかりやすい視点を提示してくれたのが、イギリスのニューカッスル大学の心理学者であるダニエル・ネトルです。

それは、地位財と非地位財という視点です。

地位財に分類されるのは、所得、社会的地位、資産など、まわりの人と比べることで満足を得られるものです。非地位財に分類されるのは、健康、自由、愛情、自主性など、まわりの人と比べなくても喜びを得られるものです。

地位財による幸せは、長続きしない幸せです。

たとえば、収入が増えて周囲の人たちより多く稼げるようになったとします。そのときはうれしいのですが、しばらくすると、もっとお金が欲しいとさらに高い収入を求めるようになります。そこから収入が増えなかったり、下がったりすると、不幸のタネになることさえあります。

思いのほか長続きしなくてむなしくなるのが、地位財による幸せなのです。

それでも私たちは、どれだけお金を持っているか、どんなポジションで仕事をしているか、どんな家に住んでいるか、どんな車に乗っているか、どんな服を着ているかなど、ほかの人と比較するほうが、自分がどのくらいの位置にいるのかわかるだけに、ついそちらの幸せを目指しがちになります。

一方、非地位財による幸せは、長続きする幸せです。

たとえば、やりたいことが仕事にできている自分に満足しているとします。そこで得られる幸せは、誰かと比べてわかるものでもなく、自分の中だけにあるものです。自分が「幸せだ」と思っている以上、いつまでも続くことになります。

ただし、幸せかどうかは自己評価であり、ほかの人と比べられないので、目指しにくいところもあります。

「well-being」とは、誰かと比べるものではありません。

比べなくても、自分の心が豊かになるのが、本当の幸せだと思います。ですから、独りでも幸せになれるし、誰かと一緒にいても幸せになれるのです。ただ、自分がどうしたら幸せなのかわかっていない人もたくさんいます。

というのは、誰かと比べることで幸せを実感してきた人が多いからです。幸せな孤独を手に入れたいのなら、よく見るのは自分。まわりにいる誰かのことではなく、自分のことなのです。

自分の幸せは「比較」からは見つけられない

そういう私も、あるときまで、自分がどうすれば本当に幸せなのかわかっていませんでした。

気づかせてくれたのが、私のところの学生が研究していた「カレンダー○×法」でした。やり方は簡単です。毎日、1日の終わりに今日1日を振り返り、幸せな日だったと思えば○、不幸せな日だったと思えば×、どちらともいえないなら△とし、その理由を簡単に書き込みます。

私の場合は手帳でしたが、今ならスマホでもいいでしょうし、専用のシートを自作して書き込んでいってもいいと思います。

私は、何か新しいアイデアが浮かんできた日や仕事で何か成果をあげた日に、幸せな日だったと○をつけると思っていました。自分がどういうことに幸せを感じるか、わかっているつもりでした。

ところが、違っていたのです。

私が○をつけたのは、面白い人に会ったとか、誰かと意気投合したとか、誰かと一緒に何かを始めたなど、対人的な幸せばかりだったのです。○の日のなかには、アイデアが浮かんだり、仕事で成果をあげたりした日もあったはずなのですが、1日を振り返ったときに、幸せを感じることとして印象に残ったのは、対人的な幸せでした。

私は第1章でもお話ししたように、独りでいるのが好きな性格です。人と会うのが嫌いというわけではありませんが、元来、積極的に新しい人と会ったり、人の輪に入っていったりする性格ではありません。ですから、対人的な幸せが自分の幸せだとは、まったく考えていませんでした。

自分がどうすれば幸せなのか、わかっていなかったんですね。機会があれば、あなたもカレンダー○×法を試してみてください。簡単なので、今日からでも始められます。意外な自分に気づき、孤独感から解放されるきっかけになるかもしれません。

私は、自分の幸せに気づいてから生活が変わりました。長続きする幸せのタネを見つけたのです。それからは、それまで以上にいろいろな人と接するように心がけることにしました。

それまでは、仕事上で必要最小限の人としか会っていませんでしたが、一歩踏み込んで、仕事にかかわるかどうかわからなくても、面白そうだなという人には会ってみるようにしたのです。それで仕事にならなくてもいいのです。何か新しい気づきがあれば十分ですし、何より幸せを感じられるのですから、それ以上のことはありません。そこには、自然に積極的になる自分がいました。

もちろん、カレンダー〇×法で、すべての人が、自分がどうすれば幸せになれるのか気づけるとは限りません。なかには、×ばかりがついて悩みが深くなったという人もいます。そういう人は、159ページで紹介する「カレンダー・マーキング法」を試してみてください。

いずれにしても、自分がどうすれば幸せなのか気づくことは、孤独感から解放されるためにはすごく重要なことなのです。

幸せになる方法を科学的に分析

幸せを感じる要因はたくさんあります。といって、考えられるすべての要因を満たせば幸せになれるというわけでもなく、たったひとつだけ満たせば幸せでいられる人もいます。

ただ、幸福学を研究する立場としては、考えられる要因のどれを満たせば幸せになれるのか、たったひとつでいいなら、どの要因なのか、それを知りたい。そこで行ったのが、「幸せの因子分析」です。

因子分析は、知りたい対象に関係する多くの項目を、多くの人にアンケート調査し、その結果を分析し、考察していくという分析手法です。

因子分析をするにあたって、ひとつ条件を置きました。

それは、心的要因のみをアンケートの対象にすることです。

心的要因とは、楽観性があるとか、ユーモアがあるとか、自主性があるとかといった項目です。対して、外的要因とは、収入が1000万円以上あるとか、持ち家があるとか、治安がいいとかといった項目です。

心的要因のみにしたのは、そのほかの要因は、自分でコントロールできない場合が多いからです。それから、心的要因は非地位財が多いのに対し、外的要因は地位財が多いからです。

幸せのメカニズムとして解明したいことは、幸せになるための道筋。そこに自分で変えられないものが含まれていると実現が困難になるし、幸せになれたとしても長続きしないものだと「well-being」ではありません。

因子分析の結果からわかった、幸せになる因子は4つです。

①「やってみよう！」因子（自己実現と成長の因子）
②「ありがとう！」因子（つながりと感謝の因子）
③「なんとかなる！」因子（前向きと楽観の因子）
④「ありのままに！」因子（独立と自分らしさの因子）

幸せになる要因はたくさんあるように思えますが、因子分析でまとめてみると、この4つでした。

ここで誤解がないように述べておきますが、この4つの因子は普遍的なものではなく、今の日本人の幸せの特徴を表わしたものだということです。私個人の意見としては、幸せの因子の構造は時代とともにそれほど変化するものではなく、数十年経っても色あせないものだと思います。

それでは簡単に、4つの因子を紹介しましょう。

1つめの因子は、「やってみよう！」因子です。

自分の得意なことを見つけて伸ばすことは、幸せにつながります。地位や名誉やお金を得られないことだったとしても、自分が面白いと思うことならなんだってかまいません。それがわかっている人は幸せな傾向があります。

2つめの因子は、「ありがとう！」因子です。

つながりと感謝を大事にしていると、幸せにつながるということです。人に感謝したから、人に親切にしたから幸せになるというより、そうした行為が好循環となって、やがて自分の幸せを手繰り寄せるのだと思います。

3つめの因子は、「なんとかなる！」因子です。

ものごとを楽観的にとらえられると、幸せにつながります。自分にダメ出しをするようなタイプではなく、そこそこでも満足できるようなタイプが幸せな傾向がありま す。

4つめの因子は、「ありのままに！」因子です。

人の目が気にならなくなると、幸せにつながるということを表しています。日本人が苦手な因子かもしれません。事実、アメリカ人は「人の目を気にしない傾向」が強く、日本人を含む東アジア人は「人の目を気にする傾向」が強いといわれています。文化や教育の違いもあるでしょうが、人の目を気にせずにマイペースで生きている人のほうが幸せな傾向があります。

この4つの因子を少しずつ伸ばしていくのが、幸せになるための道筋です。たった

4つですから、自分に何が足りないのか、なんとなく気づけると思います。どこから始めてもいいので、少しずつ伸ばしていくと、幸せが待っているでしょう。

たった3つの要素で孤独な人が幸せになれる

それでは、幸せな孤独も、同じように4つの因子を伸ばせばいいのかとなると少し異なってきます。

もちろん、4つの因子は、今の日本人が幸せになるための道筋ですから重なる部分もありますが、人とのつながりが少ない、もしくはないと思っている人が対象なので、先の因子分析とは母集団が多少が異なると考えられます。もっと自分と向き合うことが必要なケースだからです。

そこでまず、日本だけでなく世界にも目を向け、「孤独」に関して学会でも認められている論文を集め、その内容を分析しました。すると、「幸せな孤独」を実現している人々に共通する傾向として、3つの要素が浮かび上がってきました。次の3つです。

①「うけいれる」(自己受容)
②「ほめる」(自尊心)
③「らくになる」(楽観性)

この3つの考え方のベクトル、言い方を変えれば3つの「正しい心のクセ」を伸ばすことで、幸せな孤独を手に入れられます。ただし、幸せな孤独の3つの要素は、どの因子から始めてもいい幸せの4つの因子とは異なり、「うけいれる」、「ほめる」、「らくになる」の順番で伸ばしていくことが、「悪い心のクセ」を取り除き、「正しい心のクセ」を身につけ、幸せな孤独を手にする近道になるのではないかと思います。

それぞれの要素について、それがなぜ孤独感を解消していくことに有効であるのか、解説していくことにしましょう。

1つめの要素は、「うけいれる」（自己受容）。

孤独に悩んでいる人は、ありのままの自分を受け入れることができていないところがあります。

独りぼっちである、友だちがいない、人に声をかけられない、ものごとをネガティブにとらえる、ものごとを理解するのに時間がかかるなど、マイナスだと思っているところばかりに目を向ける傾向があります。それどころか、そのことをほかの人と比べて、さらに自分を卑下するところもあります。

幸せな孤独を手に入れるための最初のステップは、自分が不幸だと思っていることを並べて、それが「悪い心のクセ」だと気づき、苦しんできた自分をゆるしてあげることです。不幸の要素がなくなれば、ようやく「どうやって幸せになろうか」という段階にステップアップできることになります。

災害や事故などで、大事な人を亡くした場合も、心の視点を変えてみることが重要です。悲しい出来事ばかりに目を向けるのではなく、いい意味での「あきらめ」を持つことが「うけいれる」ことにつながります。過去は変えられませんが、自分の心と未来は変えられます。

マイナスからゼロ地点に戻る。それが「うけいれる」なのです。

2つめの要素は、「ほめる」(自尊心)。

ここでの「ほめる」は自分をほめるということです。

孤独感から抜け出せない人は、自分が本当に面白いと思うこと、得意なこと、ほかの人にはマネできないことなど、自分の魅力や特徴に気づいていないところがあります。それどころか、自分には何もないとさえ思いがちです。

大きな問題は「自分には魅力がないから孤独なのだ」という誤った思い込み、悪い心のクセでしょう。周囲に人がいる、いないといったことは、必ずしも人間的魅力と正比例するものではありません。積極的で人懐っこい性格のほうが友人は多いでしょうが、対人関係に消極的だから魅力がないということはありません。

おとなしい人であっても、コツコツと地味な作業を根気よく続けられる、いつも同じ時間に起きることができる、整理整頓ができる、歴史に詳しい、昆虫博士である、ミステリー小説が好きであるなど、自分に目を向けると、意外といろいろな魅力があることに気づけます。

幸せな孤独を手に入れるための次のステップは、自分にできることを並べて、「なかなか自分も面白い人間だな」と、ほめてあげることです。できる自分に気づけると、自信につながります。それが幸せの4つの因子の「やってみよう！」因子や「あなたらしく！」因子を伸ばすことにもなります。

3つめの要素は、「らくになる」（楽観性）。

ものごとをネガティブにとらえがちな孤独に悩んでいる人にとって、もっともハードルが高い要素かもしれません。しかし、「うけいれる」で自分の良いところも悪いところも認め、「ほめる」で自分の良いところを伸ばす、という段階を踏んでくると、思っているほど高いものではなくなるでしょう。

孤独な人は、この先もずっと孤独であることを過度に恐れています。しかし、現実には「幸せな孤独」を手に入れた人もたくさんいます。孤独であっても、正しい心のクセさえ身につけ、幸せになれることを理解していただければ、将来を悲観する必要もありません。

幸せの4つの因子の「なんとかなる！」因子と同じように、どんな結果もポジティブに受け止められるようになると、幸せな孤独はすぐそこです。

私は、楽観性は、幸せになる因子の切り札のようなものではないかと思っています。幸せの因子分析をする際に、幸福のチェックリストというのを作成して、チェックが多いほど幸せなのか調べたことがありました。

そのときに、「私は、このリストをほとんど満たしていませんが、最高に幸せです」という学生がいました。彼女が唯一満たしていたのが、「楽観性」という項目だけ。しかし、いつも明るく楽しそうにしていたのを覚えています。

自分を「うけいれる」ことを最初に始めたほうがいい理由

3つの要素を伸ばす考え方のなかで、最初に意識すべきなのが「うけいれる」ことです。その理由をお話ししましょう。

私の研究室に、1年間学校に来ることができなくなった学生がいました。成績優秀だったのに、自宅に引きこもってしまったのです。お母さんがカウンセリングを受けるなど、なんとか学校に戻れるようになれないかと手を尽くしましたが、なかなか彼は部屋を出てこようとはしません。

そんなとき彼が突然、学校に現れました。実にスッキリした顔をしています。

理由を聞いてみると、お母さんの言葉でした。引きこもっていた彼に、「1年くらいいいじゃない。在宅勤務のようなものだから」と声をかけてきたそうです。


知り合いの女性の息子さんは、中学、高校と長い引きこもりから抜け出し、通っていた高校をやめて、引きこもりだった子たちが集まる学校へ行っています。長い引きこもり生活をやめて部屋から出てきたのは、やはりお母さんの言葉でした。

「それもあなたの生き方だから、それもいいんじゃない」

それまでは、部屋から出てこない息子さんに、「外に出ないとダメでしょう。このままだとダメな人間になる」と何度も声をかけていたそうです。それを止めて、先ほどのような言葉をかけたら、あっさり部屋から出てきたそうです。

2人の引きこもりの子が部屋から出てきたのは、今の自分を認めてもらえたからでした。「なんだ、これでいいんだ。ありのままでいいんだ」と思えたことが大きかったようです。

2人のケースでは、周囲の人間の言葉をきっかけに、引きこもっていた本人が、自分を「うけいれる」ことができたから前へ進めたのでしょう。

こうした言葉を、いつも他人がかけてくれるとは限りません。そもそも、周囲に人が少なければ、機会も得られないかもしれません。だからこそ、どんな状況であっても、あなた自身が、今の自分を「ありのままでいいんだ」と受け入れることから始めてみてはいかがでしょうか。

2人のお母さんのような役割を、この本があなたに与えることができれば、本望です。

データ分析でも裏付けられた3つの要素の重要性

「うけいれる」（自己受容）、「ほめる」（自尊心）、「らくになる」（楽観性）という3つの要素を伸ばす考え方が、本当に幸せな孤独を手に入れる道筋になるのか。そのための、調査・分析は次のような手順で行いました。

3つの要素仮説が正しいかどうか、実際にアンケート調査を行ってみることにしました。対象は、20~79歳までの男女1000名です。結果からいうと、仮説通りに3つの要素は幸せな孤独と正の相関があることが明らかになりました。つまり、孤独であっても自分は幸せだと思う人たちは、3つの要素に関する数値が高まる傾向があったのです。

設定した質問は、以下の通りです。

「うけいれる」（自己受容）に関する質問

①私は、自分が好きである。

②私は、毎日が楽しい。

③周囲の人にペースを乱されても気にならない。

④欠点も、私の一部である。

⑤ほかの人と比べることはあまりない。

「ほめる」（自尊心）に関する質問

①私は、自分自身にだいたい満足している。

②私にはけっこう長所があると感じている。

③私は、自分のことを前向きに考えている。

④私は、ほかの人と同じくらいにものごとをこなせる。

⑤自分は少なくともほかの人と同じくらい価値のある人間だと感じている。

「らくになる」（楽観性）に関する質問

①自分の将来は、恵まれていると思う。
②この先、楽しいことがきっと待っていると思う。
③困ったことがあったら、きっと誰かが助けてくれると思っている。
④自分は運が強いほうだ。
⑤手に入れたいと思ったものは、いつか必ず手に入ると思っている。

逆に、3つの要素すべて、孤独感と負の相関があったのです。つまり、3つの要素が伸びると孤独でありながらも、幸せを感じることが多くなり、3つの要素に関する値が低いままだと孤独を不幸だととらえることが多くなるということです。

残された課題は、3つの要素を伸ばし「正しい心のクセ」を身につけていくにはどうするかということです。その練習法を第5章で紹介しましょう。

幸せな孤独と３つの要素の相関

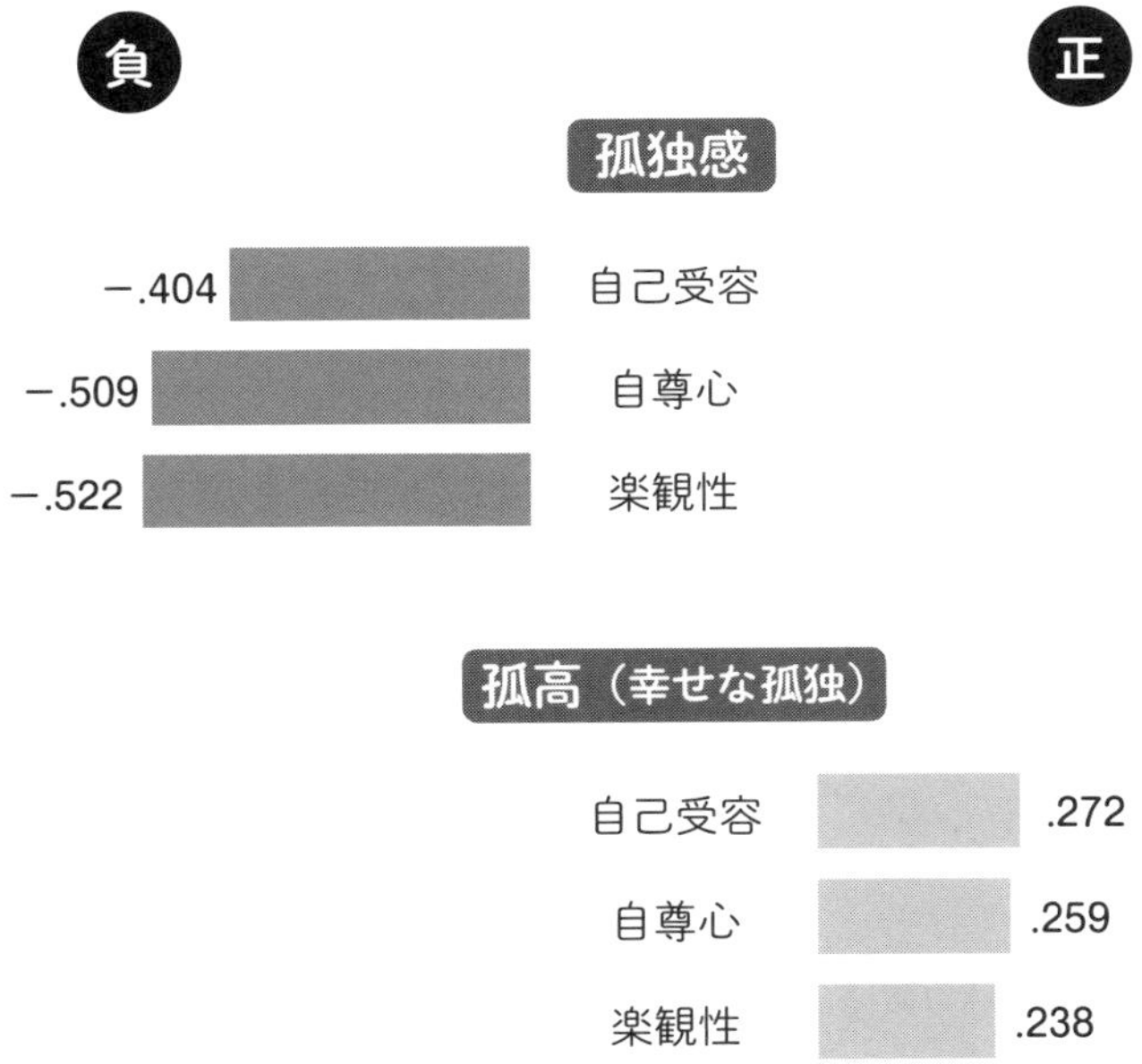

上記は、自己受容、自尊心、楽観性の各アンケートの答えと「孤独感」「孤高（幸せな孤独）」との相関を表わすデータです。.200 以上は相関があると判断され、.400 以上はさらに強い相関があると判断されます。3 つの要素すべてが、孤独感とは負の相関、幸せな孤独とは正の相関があることがわかりました。

第 5 章

「幸せな孤独」を身につけるためのレッスン

「うけいれる」を伸ばすレッスン①

1日の終わりを「幸せ」で満たす

「うけいれる」は、もっと自分を知ることから始まります。

最初のレッスンは、寝る前に1日を振り返り、その日あったいい出来事や、うれしかったことを思い浮かべてから眠るようにしましょうというものです。

1日3～5個ぐらい出てくると理想ですが、無理ならば1日1個でもかまいません。「いい出来事なんてなかった」「いつもと変わらない1日だった」と思う人もいるかもしれませんが、特別なことを探す出す必要はありません。

新作のスイーツがおいしかった、素敵な店を見つけた、お得に買い物ができた、電車の乗り換えがうまくいった……など、ちょっと考えてみると案外いろいろなことが出てくるものです。なかなか思い浮かばないときは、FacebookやInstagram、Twitter

などSNSで見たり聞いたりして印象に残ったことを思い出すだけでもいいでしょう。

また、「明日の楽しみ」を考えることもおすすめします。

おいしいランチを食べに行こう、仕事帰りにお気に入りの店に寄ろう、好きな映画を見よう……など、楽しいことを考えるとポジティブな気持ちのまま眠れます。

もちろん、孤独感の強い人は、良いことを思い出そうとしても、良くないことや失敗したこと、気になったことばかりが浮かんでくることもあるでしょう。それも自分の1日だから思い出してもいいのです。そう思わなくても、気にしていると浮かんでくるものです。

そんなときは、ひとつでいいので、いい出来事を思い浮かべるようにがんばってみましょう。良くないことが浮かんでくると、そのことでくよくよ悩み、自分を責め始めることにつながります。まずは1日を振り返る習慣をつけることが重要です。仮にいやなことがあった日でも、1日の最後だけでもいい思い出で終わればOKです。

「うけいれる」を伸ばすレッスン②

アルバムを見て幸せな時代にタイムスリップする

昔のアルバムや写真を見ると、忘れていた自分を思い出すきっかけになります。

私たちの記憶の奥には、さまざまな思い出が眠っています。懐かしい写真を眺めていると、当時の記憶や感情がよみがえってきて、つい笑ってしまったり、楽しい気分になったりしますよね。特に、家族や友人など大切な人との思い出はかけがえのないものです。

昔の自分を眺めていると、どうしてこのとき笑っていたんだろうとか、どうして怒っていたんだろうとか、どうして悲しい顔をしているんだろうなどと、自分がどういうときにどんな感情を抱いていたのかを考えるきっかけになります。それが、忘れていた自分を知るきっかけになります。

こうした行為で、自分自身の人生を客観視する行為を、心理学の言葉で「メタ認知」と呼びます。例えるなら、鳥の眼で俯瞰して自分を見ることです。人はどうしても、目の前の苦しみや悲しみに囚われて、自分を責めてしまいがちです。特に孤独な人は、自分を否定的にとらえる傾向があります。

そんなときに、アルバムを見て、今まで歩んできた人生を大きな視野で振り返ることによって、「自分も今までがんばってきた」「輝いていた時代もあった」ことが思い出されて、自分を「うけいれる」ことができます。

大切な人を亡くした方には、このレッスンは有効です。「思い出してかえって辛くなる」と思うかもしれません。しかし、楽しかった記憶は決して消えることはなく、あなたに勇気を与えてくれます。悲しむためにアルバムを見るのではなく、大切な人が自分を励ましてくれて、一歩前に進むために背中を押してくれると思いながら、見返してみてはいかがでしょうか。

「うけいれる」を伸ばすレッスン③

90日間自撮りを続ける

自己肯定感が低いと、写真を極端に嫌がります。

なぜかというと、写真に映る自分の顔が気に入らないからです。そんな人にぜひ試してみてほしいのが、90日間連続の自撮りです。約3カ月間、毎日スマホで自分の写真を撮り続けてみましょう。

ハードルが高いかもしれませんが、動画を撮るのはさらにおすすめです。自分をさらに詳細まで見つめられるからです。

自撮りでなぜ自己肯定感を高まるかというと、自分の顔を見ることに慣れるからです。最初は苦痛かもしれませんが、毎日続けているうちにだんだん写真に抵抗がなくなってきます。

写真を受け入れるということは、自分を認めることができるようになるということ。それは、自分への自信にもつながり、顔つきだけでなく心の内側にも変化が出てくるでしょう。

1日目に撮った写真と90日目に撮った写真の顔を比べてみると、自分の表情や雰囲気の変化に驚くことになるはずです。


芸能人など、他者から見られる職業の人は、デビュー時は垢抜けていなくても、年を追うごとに自信に満ちた「いい顔」になっていくことがよくあります。自分の顔を見続けることにも、似たような効果があると思います。「うけいれる」レッスンを続けることで、少しずつ表情にも幸せが出てくると、そんな自分に自信が持てるようになり、さらにいい顔に変化していくのです。

「うけいれる」を伸ばすレッスン④

日々の暮らしの中に「幸せの青い鳥」を見つける

孤独に悩んでいる人は、自分には何ひとついいことがないと思っているところがあります。そうでしょうか？　小さな幸せなら、どこにいても、たとえ1日中、家の中にいても見つかるはずです。

幸せの基準や感じ方は人によってさまざまですが、「自分は不幸だ」という人は、幸せのハードルが少し高すぎるのかもしれません。幸せは与えられるものではなく自分で見つけるものです。平凡で、変化がなく、当たり前の日々のなかにも、小さな幸せがあふれています。

そのためのレッスンが、「小さな幸運」を喜ぶことです。

・おなかいっぱいご飯を食べることができた。

・昼間に布団を干したら、ふかふかの布団になっていた。
・天気が良かったから、3時間で洗濯物が乾いた。
・テレビをつけたら、好きなタレントが出ている番組だった……。

小さな幸せは、なんでもかまいません。あなたが喜びを感じたなら、すべて小さな幸せです。

江戸時代の俳人・松尾芭蕉の有名な句に、「枯枝に烏のとまりけり秋の暮」というものがあります。

枯れた枝にカラスがとまっている秋の夕暮れの風景を詠んだシンプルな句ですが、何気ない風景のなかに美しさや面白さを感じ取る繊細な心と幸せな気持ちが伝わってきます。身近なところに目を向けて少し意識を変えるだけで、世界は違って見えてきます。かわいい花を見つけたり、爽やかな風を感じたり……。

そんな見落としていた小さな幸運に気づけるようになると、「私って結構幸せかもしれない」と思える心のクセが身につきます。

「うけいれる」を伸ばすレッスン⑤

3度の食事をマインドフルに変える

私たちの感覚はすごく繊細にできています。ところが、ネガティブなことばかり考えるようになると、そのことに意識をとられて、感覚が鈍ってしまうことがあります。そんなあなたの感覚を取り戻すレッスンとしておすすめしたいのが、マインドフル・イーティングです。


あなたは、マインドフルネスという言葉を聞いたことがありますか？

マインドフルネスとは、仏教の瞑想をベースに、「今ここ」に意識を集中させ、今の自分の状態に意識を向けることです。なかでも、特に食べることに意識を向けるのが、マインドフル・イーティング。「食べる瞑想」ともいわれます。

なんだか難しそうなレッスンですが、要は、ひと口、ひと口、味わいながら食べればいいのです。食べるという行為にしっかり意識を向けて、食べものの匂いや風味、食感などをじっくり楽しみながら食事をする。

食事に集中するのが目的ですから、テレビやスマホなどの「ながら食べ」は厳禁。食べものを口のなかへ次々と詰め込むのではなく、ひと口食べたらしっかり咀嚼し、飲み込んでから次の食べものに手を伸ばしましょう。

どこかの高級レストランに行く必要はなく、いつもの食事でかまいません。コンビニの弁当でも、ファーストフードでテイクアウトしたものでも、味わいながら食べるといつもと違う感覚があるはずです。それを感じることができるのも、あなたの特徴のひとつなのです。独り暮らしなら、誰の目を気にすることもないでしょうから、時間をかけてゆっくり楽しんでみましょう。

私は独りで食事をするのが好きで、独り旅に出かけたり、仕事で出張したりしたときレストランに入る機会があると、じっくり料理を味わう時間を大切にしています。

「うけいれる」を伸ばすレッスン⑥

手軽に幸せホルモンを出せる「自分ハグ」

セルフハグとは、自分自身をハグすることです。気持ちを落ち着かせるコンフォート・ジェスチャーのひとつで、両手を広げて自分を包み込むように抱きしめるだけです。疲れているときや気分が落ち込んでいるとき、誰かがいつもそばにいて抱きしめてくれればいいのですが、独りでいるとそうはいきませんよね。そんなときには、自分で自分を抱きしめてあげるのです。

自分で抱きしめて効果が出るの？と不思議に思うかもしれませんが、自分で自分をハグするときにも幸せホルモンが分泌されることが科学的に証明されており、ストレスを抑制し、精神を安定させる働きがあるといわれています。

「がんばったね」「すごいね」「ありがとう」などと自分に声をかけながらハグをする

と、より効果的です。

「幸せだから笑うのではない、笑うから幸せなのだ」という有名な言葉があります。

形から入ることで、後から幸せがついてくることは、心理学の研究でも証明されています。セルフハグも同じで、最初は照れ臭く感じるかもしれませんが、続けていくうちに、当たり前のように幸福を感じられるようになります。

「うけいれる」を伸ばすレッスン⑦

1日を振り返るカレンダー・マーキング法

自分の1日を振り返る方法としては、カレンダー・マーキング法がおすすめです。

やり方は、4章で紹介したカレンダー○×法とほぼ同じです。

違いは、ものすごくいい日だったら「◎」、まあまあいい日だったら「○」、そうでもなかった日だったら「△」という基準と印の振り分けです。孤独に悩んでいる人はものごとをネガティブにとらえがちなので、○×にすると、×多くなりすぎて続かなくなることがあるからです。

1週間でもある程度の結果は出ますが、3週間ほど続けると、自分がどういうときに幸せだと思うのか傾向が見えてきます。私がそうだったように、新しい自分を発見する機会になることもあります。

「うけいれる」を伸ばすレッスン⑧

本があなたに「ときめき」をくれる

本を読むことは、自己肯定感を高めるひとつの方法といわれています。読書の魅力は、自分の知らない世界へ誘ってくれること。面白い本を読むと気分が高揚し、わくわくしたり、勇気をもらったり、笑顔になったり、感動したりしますよね。読書はストレスを緩和するという研究結果も出ているそうです。また、読めば読むほど知識や語彙力、想像力が豊富になり、自分の自信にもつながります。

ひと言で本といっても、小説や歴史書、エッセイ本、自己啓発本、ノウハウ本、絵本、地図、雑誌、漫画や写真集まで、多種多様なジャンルがあります。自分のために本を選ぶときのポイントは、自分の心がときめくかどうか。ときめく本を見つけられたあなたは、すでに自分のことがわかり始めています。

ぜひ、図書館や書店、オンラインで、いろいろなジャンルの本の中から、今までにないときめきを見つけてください。

「ほめる」を伸ばすレッスン①

「小さな達成感」の積み重ねが幸せにつながる

ここからは、「ほめる」を伸ばすレッスンです。気づいていない、または忘れている自分の得意なことや特徴に気づき、自信をつけていくレッスンです。

最初のレッスンは、小さな目標を設定してチャレンジすることです。

孤独に悩む人の特徴のひとつに、「自分は何もできない」と思い込んでいるところがあります。話を聞くと、理想の夢を掲げたものの挫折したので自信がない。さらに話を聞くと、地道な小さな積み重ねを忘れていることがよくあります。

どんなに成功している人でも、最初の成功は小さなものです。ひとつずつの小さな成功を重ね、そこで自信をつけて階段を上っていくものです。そこを飛ばして自信がないというのは、そもそもやり方が間違っています。

まずは、どんなことでもいいので小さな目標を設定し、やればできる自分に気づくことから始めましょう。

たとえば、こんな目標はどうでしょうか？
・エレベーターを使わずに階段を歩くようにする。
・500円玉貯金をする。
・毎日1本動画を撮影する。
・毎朝6時に起床して散歩する……。
小さな目標をクリアすると自分を肯定的にとらえられる「正しい心のクセ」につながります。そこで得られる達成感がモチベーションを高めて、新しい目標にチャレンジする活力にもなります。最初は、やりたいこととは無関係の目標かもしれませんが、目標を達成できる自分に気づけたら、本当にやりたいことに向けた小さな目標を設定してみましょう。でも、まずは身近にできることからです。

服が変われば心も変わる

自分のことはどうでもいいやと投げやりになると、すぐにおろそかになるのが身なりです。在宅勤務で出かけなくなったり、そもそも家にいることが多くなったりすると、昼も夜もほとんど同じという人もいるかもしれません。

2つめのレッスンは、出かけなくても身なりを整える。

外出しても問題ない清潔感のある服装に着替えるのはもちろん、メイクや髪、爪にも不快感を与えないようにする。心の乱れは服装の乱れ。外見は本人の精神状態を反映するともいわれています。つまり、身なりを整えることは、心を整えることでもあるのです。見た目をきちんとするだけで、自分の自信につながります。背筋をシャキッとしっかり伸ばしてみてください。それだけでも気持ちが大きく変わるものです。

「ほめる」を伸ばすレッスン③

1日5分の「自分ほめ」タイムをつくる

ほめられるとうれしいものです。しかし、他人にほめてもらう機会はそうしょっちゅうはないですよね。だとしたら、自分で自分をほめてあげましょう。

鏡の中に映っている自分に向かってほめてもいいし、目をつぶって自分の心に向かって語りかけるようにほめてもいいし、ほめ方はなんでもありです。独りですから誰の目を気にすることもありません。1日のうち5分でいいので「自分ほめ」タイムをつくって、習慣化すれば、自然と自分をほめられるようになります。

ほめポイントをメモしておくのもいいかもしれません。書き留めておくと、自分のいいところがどんどん溜まっていくことになるし、見返すことで自信がつきます。ほめどころを探しているうちに、新しい自分の魅力を発見することにもつながります。

「ほめる」を伸ばすレッスン④

面倒な作業はゲーム感覚で行う

自分はできる、という自信をつけるレッスンが、時間を区切って作業することです。たくさん時間をかけたからうまくいくとは限りませんし、長時間作業するとすごくがんばったような気になりますが、意外と成果につながっていないこともよくあります。それで、「自分はできない」と思ってしまうのはもったいないことです。

そんなときは、10分、20分、30分、1時間というように時間を区切って作業することです。そうすると集中力が持続するようになり、作業効率もアップします。

「10分間チャレンジ」のように、料理や食器洗い、掃除、ゲームなど、なんでもよいので短時間で目標をクリアするトレーニングを日常生活に取り入れてみるのもおすすめです。集中力を鍛えることができ、達成感や自信にもつながります。

「ほめる」を伸ばすレッスン⑤

1年間の小さな成功体験を書き出す

ネガティブな心の状態になると、うまくいったことさえ忘れがちになります。

小さなことまで含めると、誰でも成功体験を積み重ねています。1年間を振り返り、思い浮かんだ過去の成功体験をすべて書き出してみましょう。成功したときの気持ちや、自分にもたらした影響なども具体的に書き足すと、よりリアルに実感できます。自分には成功体験がないと思っている人もいるかもしれませんが、それは見逃しているだけ。過去1年間のそれぞれの月にどんな出来事があったか、ぼんやりでもいいので思い出してください。本当にすべて失敗ばかりでしたか？　思い出してみれば、時にはうまくいったことや、楽しかったこともあるのではないでしょうか。いやな記憶にかき消されて、普段は意識することが少なくなっているだけで、日常のささやかな出来事のなかにも小さな成功は存在しています。

こうして、自分の行為を紙に書き出すことは自分自身を「見える化」するということ。ネガティブな人は、ものごとをどんどん悪い方向に考える「悪い心のクセ」が身についています。紙に書き出すことで、ネガティブな思い込みが間違いであたったことに自分自身で気づけるのです。ネガティブな人は、他人から「何も悪くないよ」と指摘されても、頑なに自分の考えを変えようとしないときがあります。しかし、自分で紙に書き出して、自分を客観視することで「自分って結構やるじゃん」ということがわかります。

この行為は、先ほどお話ししたメタ認知につながります。昨日、今日の嫌な出来事をいつまでも引きずるのではなく、1年間を通して俯瞰して自分を見つめ直すことで、悪い思い込みが少しずつなくなっていきます。

さらに、過去の成功体験を書き出すことのメリットは、自信がよみがえることです。自信がつくと、心に余裕ができて新たな挑戦意欲が高まります。

「ほめる」を伸ばすレッスン⑥

余計なことを「引き算」すれば幸せになる

自分の魅力がわからない。自分が本当に面白いと思うもの、大切だと思うものがわからない。そんなときに試してほしいのが、「引き算生活」です。

私たちは日頃、たくさんのものに囲まれて生活していて、それが当たり前だと思っています。しかし、本当にそれらは必要なものなのでしょうか。

「自分が日常使っていて大切に思っているものを、1週間ないものとして使わずに生活してみよう！」というユニークなレッスンが、生活のなかから何かを引くので「引き算生活」です。

財布、携帯、パソコン、テレビ、化粧、眼鏡など、引き算するものは人によってさまざま。なかには、靴を引き算して裸足で仕事に通った人や、右手や右足を引き算して使えないように固定した人、家を引き算して友だちの家を泊まり歩いた人、歩くのを引き算して走り続けた人、椅子を引き算して立ったまま仕事をした人などもいます。

また、怒り、妬み、悲しみというようなネガティブなことを引き算して前向きに過ごした人もいます。私の知っているある人は「躊躇《ちゅうちょ》」という感情を引き算してみました。迷いを捨てて思い切って、欲しかった数万円のオペラのチケットを買ったところ、誘っても無理だと思っていた女の子とデートに行けたそうです。親御さんが怒ることを引き算したら、子どもがいい子になったというケースもあります。

いつもと違う生活をすることによって思わぬ発見や気づきを得られるのが、このレッスンの面白いところです。ないと困ると思っていたものでも、実際に引き算してみると案外なくても困らなかったり、人の目が気になると思ったら意外と恥ずかしくなかったり、普段は気づかなかった町の風景や自分の考え方に気づいたり……。

自分がいつも大事に思っているものを引き算して生活してみたらどんな反応をするのか、ぜひ体験してみてください。新しい自分に気づけるチャンスでもあります。

「ほめる」を伸ばすレッスン⑦

未来年表でわくわくする

未来年表とは、未来の「人生設計書」のこと。1年後、2年後、3年後……というように年単位に分け、「昇進」「転職」「マイホーム」「結婚」「海外旅行」など、将来の夢や目標を記入してライフプランを立てていきます。

未来年表をつくるメリットは、頭のなかにある将来の夢を書き出すことで、自分のやりたいことが整理できることです。何年後にどんな目標を設定しているのかがわかれば、行動計画を立てやすくなります。たとえば、3年後に海外旅行をしたいという目標があれば、今から毎月1万円ずつ貯金しておこう……というわけです。

年表を見ながら未来のことを想像するだけでも、わくわくして楽しい気持ちになる自分がいるはずです。

「ほめる」を伸ばすレッスン⑧

弱点は裏返せば強みになる

「ほめる」を伸ばす最後のレッスンは、自分の強みを見つけるレッスンです。

自分の強みを持っていて自信がある人は、幸福度が高いといわれています。幸せになるためには、自分の強みを見つけて自信を育てていくことが大切です。大きな強みでなくてもかまいません。まずは、小さな強みを見つけることから始めましょう。

とにかく思いつく限り、自分のいいところや強み、長所をどんどんノートに書き出します。

目標は1日5個。ですが、1日1個から始めてもいいでしょう。1カ月続ければ、長所が30個見つかります、これは凄いことです。過去にほめられたこと、がんばったこと、得意なこと、昔と比べて成長したと思うことなど、どんな小さなことでもかまいません。

世の中には、なんの取り柄もない人間なんて一人もいません。

ぜひ、自分の強みに積極的に目を向けてみましょう。しかし「自分の強みなんて見つからない」という方におすすめの方法があります。もし強みが見つからなければ、弱みを挙げてみてください。それを裏返せば強みになります。不器用な人ほど、コツコツと地道にものごとに取り組む粘り強さがあるといったように、人の性質はコインのように表裏があります。

「優柔不断→思慮深い」、「飽きっぽい→好奇心旺盛」、「神経質→几帳面」、「お人好し→やさしい」、「気が弱い→思いやりがある」「心配性→慎重」、「頑固→芯が強い」「落ち着きがない→行動力がある」など、短所と長所は表裏一体です。

自分は短所ばかりでいいところがないと思い込んでいる人は、もう一度短所を違う角度から見直してみてください。短所だと思っていたことでも、ポジティブに言い換えることで、長所になることに気づくはずです。

「らくになる」を伸ばすレッスン①

笑顔が難しければ、口角を上げるだけでいい

ここからは、幸せな孤独を手に入れるための最後のハードル。「らくになる」心のクセのレッスンです。最初のレッスンは、「口角を上げる」。

無理にでも笑顔をつくれば、気持ちも自然と前向きになることは、研究の結果明らかになっています。つまり形から入ればいいのです。孤独に悩んでいる人は、最近、笑顔になったことがないという人もいるかもしれません。「面白くもないのに笑えない」という方は、まずは鏡の前で口角を上げることを日課にしてみてください。

笑顔に自信がない人ほど、練習しましょう。日々、口角を上げることを続けていれば、そのうち目が笑い、表情が明るくなり、自然な笑顔ができるようになります。毎日鏡を見るときに、笑顔をチェックすることを習慣にしましょう。

「らくになる」を伸ばすレッスン②

上を向くだけで気持ちがポジティブになる

人間は、上を向いているときのほうが、下を向いているときよりも楽しい気分になるといわれています。落ち込んでいるときは、なんとなく目線が下がって、顔がうつむき加減になってしまいますよね。逆に、上を向いて胸を張ってみると、明るく元気な気分になります。何かアイデアを考えるときも、下を向くと悩みやすくなり、上を向くとイメージが浮かびやすいといいます。心理学の研究でも、「上を向くとポジティブな気分になる」という結果が出ています。

上を向くことは、ネガティブな思考から抜け出すにも有効です。嫌なことや悲しいことがあったときは、少し上を向いて広い空や満点の星空を眺めてみましょう。心がすっきりして、自分の悩みが小さなものに思えてくるでしょう。

特に晴れた日の青空は、見ているだけでも幸せホルモン「セロトニン」が分泌されるといわれています。

「らくになる」を伸ばすレッスン③

「なんとかなるさ」と言い続ければ、本当になんとかなる

どんなことも前向きにとらえる「ポジティブ発想」になるには、「ダメだと思う」「全然できていない」「どうせ私なんて」というような幸せを遠ざけるネガティブな口癖をやめて、幸せを呼ぶ口癖に変えていくことが重要です。これも、形から入ることで、悪い心のクセを矯正する方法です。

幸せを呼ぶポジティブな口癖として挙げられるのが、「なんとかなるさ」。

根拠もないのになんとかなるはずがないと思うかもしれませんが、感情や物事のと

らえ方、言葉によって思考を転換することで、心がらくになります。

不安を感じたときは「なんとかなるさ」。「なんとかなるさ」以外に、「大丈夫」「考えてもしょうがない」「時間が解決する」など、ポジティブな言葉なら何でもかまいません。自分にいちばんしっくりくる言葉を使うといいでしょう。

「らくになる」を伸ばすレッスン④

一定期間の「スマホ断ち」が心をらくにする

どんなことも前向きにといわれても、なかなか切り替えられないときもあります。そんなときは、問題の原因から一度距離を置いて気分転換することです。

休みをとって家でひたすら寝たり、趣味など好きなことに没頭したり、おいしいものを食べに行ったり、旅に出たり、海や山へ遊びに行ったり、何でもよいので自分が楽しいと思うことをするといいのです。一定期間スマホやパソコンなどのデジタル機器を断ち、デジタルデトックスするのもおすすめです。

もしどうしてもつらいときは、会社を辞める、遠くへ引っ越す、別れるなど、物理的な距離を置くという選択肢もあります。無理に我慢して続けるのではなく、きっぱり関係を断ち切って新しいスタートを切るのもひとつの解決策です。

「らくになる」を伸ばすレッスン⑤

「ちょいトレ」で心が前向きになる

適度な運動はストレスや怒り、不安、うつといったネガティブな精神状態を改善するなど、メンタル面でも効果があります。体を動かすと気分がすっきりして、前向きになりますよね。「運動することで脳内のドーパミンが増え、楽観的な気持ちを助長する」という研究結果もあります。
運動の種類は、腹筋や腕立て伏せ、縄跳び、ウォーキングなど、何でもかまいません。自宅や近所でできる軽めの運動からスタートし、自分の体と相談しながら徐々に負荷を上げていくようにしましょう。あくまで「正しい心のクセ」のためにするのですから、ハードな運動は必要ありません。無理のない運動量で毎日継続することが肝心。家の掃除や床拭きなど、家事をしながらこまめに体を動かすのもいいでしょう。

「らくになる」を伸ばすレッスン⑥

「べき」は幸福の最大の敵

楽観的な人は、「～するべき」「～であるべき」という考え方に囚われません。常識や固定観念にこだわらず、さまざまな考え方を受け入れる柔軟性があります。

私たちは結論を出すときに「○○は△△である」というような断定的な言い方をしますが、その答えは必ずしもすべての人に正しいとは限りません。いろいろな結論があってもいいはずです。

もやもやする人もいるかもしれませんが、物語のエンディングが「つづく」で終わるのと同じように、あえて結論をあいまいにして「次回のお楽しみ」とか「あとは想像にお任せします」というように終わるのも、わくわくするような余韻が残っていいのではないでしょうか。あえて結論を深く考えずに、楽観的に物事をとらえることができるようになると、人生がもっとらくに楽しくなるはずです。

「らくになる」を伸ばすレッスン⑦

「妄想ノート」をつくろう

人間は、未来の幸せな自分を思い描くと、脳が現実だと思い込んで、本当に幸せな気分になります。そこで、「将来こうなったらうれしい」「あんなふうになりたい」というような理想の自分像を頭のなかでイメージして、思いつくままにノートに書き出してみましょう。

興味のあること、実現したいこと、楽しみたいこと、将来やってみたいことなど、夢や願いでもいいでしょう。今それを実現できるかどうかは、まったく気にする必要はありません。自分の気持ちに正直になって、頭に浮かんだことをどんどん妄想してください。

ポイントは、わくわくするようなことをイメージすること。脳のなかにドーパミンという幸せを感じる物質が分泌されて喜びや快感をもたらしてくれます。

「らくになる」を伸ばすレッスン⑧

ソロキャンプは最高の「幸せな孤独」

「らくになる」の最後のレッスンは、ソロキャンプです。

昔のキャンプといえば、仲間とわいわいキャンプするのが定番でしたが、最近は独りでマイペースにキャンプを楽しむ人が増えています。

独りだと退屈しそうですが、焚火を眺めながらぼーっとしたり、好きな食材で自炊をしたり、釣りや水浴びをしたり、テントのなかで寝転んで読書をしたり……。自然のなかで誰に気を使うこともなく、自分の思い通りに好きなことをしていると、案外、時が経つのは早いものです。

緑あふれる木々、山や川、青空、満天の星空など、豊かな景色に癒されることはもちろん、ストレスの多い日常を脱出して、気楽に非日常感を味わうことで身も心もリフレッシュできます。ゆっくり自分を見つめ直すこともできます。

自宅から飛び出して、独りの時間を楽しめるクセがつけば、孤独であることは苦痛には感じなくなるでしょう。人に囲まれていなくても「まあいいか、こっちのほうが楽しい」と思えるようになれば、幸せな孤独をもう手にできているかもしれません。


幸せな孤独を手に入れるための、3つの要素、「うけいれる」（自己受容）、「ほめる」（自尊心）、「らくになる」（楽観性）を伸ばして「正しい心のクセ」を身につけるためのレッスンを紹介しました。簡単なものから、孤独に悩んでいる人には少し手ごわいものもあったかもしれません。

どれから始めてもいいし、何度くり返してもかまいません。自分で自分を受け入れられるようになったり、自分の得意なこと、面白いと思っていることに気づいてアクションを起こせるようになったり、ものごとを楽観的にとらえられるようになったりするまで、続けてみてください。

第 6 章

孤独な人ほど「幸せ」になれる

他人に振り回されず、静かに自分を磨ける

この章では、「幸せな孤独」のメリットについて考えてみましょう。

ドイツの哲学者ニーチェがこういう言葉を残しています。

「孤独を味わうことで、人は自分に厳しく、他人に優しくなれる。いずれにせよ人格が磨かれる」

独りでいることは、寂しさを感じやすくなる環境にいる半面、他人に振り回されずに自分を見つめ直せる大切な時間がたっぷりあるともいえます。

他人と過ごす時間が長いということは、一見すると孤独感から逃れられるように思えます。しかし、先述したように、本当に信頼できる相手と一緒にいない限り、まわりに人がいるにもかかわらず、孤独感にさいなまれてしまうこともあります。そのう

え、他人がそばにいる以上、その人に気を使わないわけにはいきません。
本当に自分が思うことや、感じたことを自由に表に出せずに、他人の意見に仕方なく同調せざるを得ないような場面に遭遇することもあります。

もちろん、人とつながろうとスポーツのサークル活動や地域のコミュニティに参加するのは有意義なことですが、ほかの人と交わると、どうしても周囲からのノイズが入ってきます。それをシャットアウトできるのが孤独なのです。

孤独は、自分の内なる声と向き合う時間を与えてくれます。
独りでいると、誰にも邪魔をされない時間を自分の思うように使えます。自分がどう行動しようと、どう考えようと、何を選ぼうと、誰にも否定されることはありません。ほかの人の行動や意見に合わせる必要もありません。自分が本当にやりたいことを自分のペースでできるのが孤独の時間です。

独りでいることは、幸せを手に入れるにはすごくいい環境なのです。自分と向き合っている時間が長くなると、自分のことがよくわかるようになります。自分が人生において本当に求めているものは何なのか、誰にも邪魔されずに突き詰めて考えることもできます。

どうして自分は独りでいるの？と考えるよりも、「自分は独りでいることを求めているんだ」と考えるほうが、幸せな孤独への近道です。孤独に追い込まれたではなく、自分の意思で孤独を選んだととらえるだけで、心はぐっとらくになります。

仕事でも、勉強でも、プライベートでも、まわりに人が多ければ多いほど、否が応でも、ほかの人の声や、やっていることが目に入ってきます。なかには、こちらが声をかけなくても向こうから声をかけてきて、わざわざマウンティングする人までいます。

孤独感をつくる原因のひとつは、誰かと自分を比べてしまうこと。ほかの人といると、そのリスクは高まるばかり。その結果、自分を磨くこともできず、自分の人生を充実させることから、どんどん離れていきます。

孤独は自分を取り戻す、あるいは自分を受け入れるための時間です。草花を眺めながらのんびり歩くような気持ちで、独りの時間をもっと楽しんでいいと思います。

誰からも縛られない解放感が得られる

独り焼き肉、独りカラオケ、独り居酒屋など、最近は孤独を前提としたサービスが珍しくありません。「お独りさま」という言葉が定着してから久しいですが、「お独りさま」向けビジネスはさらに充実してきています。何を食べても、何を歌っても、どんなふうに過ごしても誰からも文句を言われることはありません。まわりを気にすることはないので、肉をどう焼いてもいいし、どの曲をどんなふうに歌ってもいいし、

「とりあえず乾杯」から始めなくてもいいのです。

「らくになる」の最後のレッスンで紹介したソロキャンプは、コロナ禍におけるリラクゼーションとして大いに注目を集めています。


オフィスでも、学校でも、集団の中で過ごしていると、知らず知らずのうちにストレスを抱えてしまうことがあります。

働き方改革が浸透してきて多様な価値観が認められる流れはあるものの、いまだに職場には古い常識にこだわる人たちがたくさんいます。忖度もそのひとつでしょう。

逆に、ビジネスの進化が速すぎて、その流れに乗り切れず、どうしたらいいのかわからなくなることもあります。


そんなストレスから解放してくれるのも、孤独です。

孤独を存分に楽しめるものの代表格が、独り旅でしょう。

独り旅を「寂しくないの？」と思う人たちもいるようですが、独り旅こそ、独りでいることがこんなに楽しいことなのかを実感させてくれるものです。

まず、旅の計画を、自分が好きなように組み立てられます。どこへ行くのか、いつ行くのか、どのくらいの日程にするのか。誰かにお伺いを立てることもなければ、相手の好みや休日のことを考える必要もありません。

旅に出てしまえば、さらに自由です。気になったお店にふらりと寄ることもできれば、気に入った場所があれば日が暮れるまでその場に座っていることもできます。食事にしても、好きなものを好きなだけ味わうことができます。まさにマインドフル・イーティングです。

そして、初めて見る自然、文化、ものなどから、新しい発見やアイデアが生まれてくるかもしれません。すべて、独りだからできることです。

もちろん、どこかへ行かなくても、独りを楽しめることはいくらでもあります。好きな時間に湯船につかる、公園で寝転がる、本をむさぼるように読む……。誰も邪魔することはありません。

リラックスしている状態で、自分と対話していると創作意欲もわいてくるといわれます。だからこそ、画家のパブロ・ピカソは、「孤独なしには、何事も成し遂げられない」という言葉を残しているのでしょう。

独りでいることを肯定的にとらえるだけで、人生はがらりと変わります。「独りっていいな」と思えたときから、幸せな孤独は始まるのです。

美しいものを創る人は見る人よりも幸せになる

美術や陶芸など、アートな分野で実際に創作活動をしてみることは、自分の内面を深め、幸せな孤独を実現する近道であると思います。なにも、うまくなくていいのです。まずは、自分自身を表現してみることそのものに意味があると思います。

創ることから得られる幸せについて、私が気づいたきっかけとしてご紹介したいのが、2021年5月に永眠された紫竹昭葉さんです。彼女が創った帯広の紫竹ガーデンは、見る側も幸せにしてくれる素晴らしいものでした。

紫竹さんは大学教授の妻でしたが、58歳のときにご主人を亡くしました。おしどり夫婦といわれるほど仲がよかったので、それから何年も紫竹さんは泣き暮らしたそうです。そんな孤独からくる絶望感に苛まれていた紫竹さんに、ある日、娘さんがこう言ったそうです。

「お父さまが好きだったのは、太陽みたいなお母さまでしょ。いつまでも泣いていていいはずがないんじゃない？」

そこで紫竹さんは63歳のときに、心の底から「花の庭をつくりたい。野の花が自由に咲くお花畑を」と思い立ちました。そして、十勝平野に1万5000坪の土地を手に入れて花を植え始めました。

それから時は流れて、紫竹さんが創ったお花畑は旭川、富良野、十勝を結ぶ北海道ガーデン街道を彩る7つのガーデンのひとつに選ばれて、毎年10万人が訪れるようになっています。

私も生前の紫竹さんに広大な庭を案内していただいたことがあります。農薬を使わない植物たちが自由に伸び伸びと育っていました。紫竹さんもそんな植物たちに負けないほどユニークで、力強く輝いている女性でした。

私たちの研究によると、美しいものを創る人は、美しいものを見る人よりも幸福度が高い傾向がありました。

紫竹さんのように、どんなに寂しい状況からでも創ることで光が見えてくることがあります。創作活動を通して、泣き暮らしたかつての自分を「うけいれる」、ガーデン作りに打ち込み、がんばっている自分を「ほめる」状態になり、「らくになる」ことができたのではないでしょうか。

あなたが創りたいものを創る。

何を創るのも自由です。

紫竹さんのように心の底から創造したいことに向かって、コツコツとできることから始める。

そうすることで、孤独感から解放されていく自分を実感できるようになるはずです。

オタクがとっても幸せな理由

オタクという言葉は、かつてはネガティブな意味を含むこともありましたが、最近はむしろポジティブな意味合いのほうが圧倒的に強くなっています。自らを「●●オタク」だと、堂々と名乗る人も珍しくありません。

なぜでしょうか？　私は、オタクの人たちが幸せな孤独を実現しているからだと思います。彼らが、周囲からの同調圧力に負けずに、自らの「好き」を貫いた結果、幸せを手に入れたという事実を、世の中の多くの人が認識し始めたということが背景にあると思います。

ありのままの自分を肯定し、自分を「うけいれる」。自分の好きなものの価値を、他者に判断させるのではなく、自らで決めることは「ほめる」要素につながります。

自分にとって何が面白くて、何を求めているのかが明確にわかっている人は、幸せの近くにいると思います。きっとそれは、画一的なものではないでしょうし、勝ちか負けかという価値基準からくるものでもないと思います。

合理的でなくてもいいし、金銭的な価値や効率、社会的な意義と結びついていなくてもいい。変でもいい。意味がなくてもいい。自分が心の底から楽しめるものであればなんでもいいと思います。

日常と人生の目標の間に一貫性のある人は、人生の満足度が高いという研究結果があります。これは、目の前のことばかりを考えないで先のことも考えたほうがいいということです。

ただ、「目標に到達できるように競争に打ち勝っていこう」ということではありません。それはもう前時代的な考え方だと思います。争いに勝つことで得られる幸せは、比べることで得られる地位財の幸せであって、長続きすることはありません。

今の時代に求められている幸せは、「well-being」。ゆっくりでもいいから、自分を見つめ直し、長く続く幸せを手に入れることです。

これからは、地球に生きる78億5000万人が78億5000万通りのやり方で自分らしさを見つけ、その78億5000万分の1の個性を生かしながら、幸せになっていく社会なのではないかと思います。

つまり、地位や名誉、お金のような地位財の獲得を目指すのではなく、それぞれのらしさが生きる何かを見つける時代なのです。

「老いる」とは「幸せになる」ことである

大家族に囲まれて幸せそうにしている高齢の方がメディアで流れることがあります。

一方で、一人また一人と友人や知人、そして大切な人を失っていくのも、年を重ねることの宿命でもあります。老いると、やはり幸せは遠ざかっていくものなのでしょうか。

実は、そうでもないようです。

20代くらいの私は迅速かつ確実に細かい仕事をこなすのが得意でした。しかし、年を重ねていくと細かいことよりも全体が見えるようになり、若い頃よりバランスよく働けていることを実感しています。

細かいことを考える脳の神経回路が劣化して全体のことしか考えられなくなったとすれば老化ですが、細かいことが気にならなくなり、ものごとを楽観的にとらえられるようになったとすれば進化ともいえます。

年を重ねることは嘆くことではなく、喜ぶべきことなのです。

幸福研究の一環として私たちが行ってきた欲望の研究では、「自分は○○したい」という利己的欲求は20代をピークに減少していき、「社会や他人を○○したい」という利他的欲求が年を重ねる度に増加していく傾向がありました。

利己的欲求が強い間は、仕事をしていてもしていなくても、さまざまな場面で孤独を感じることが多くなります。どうしても人と比べて自分を評価してしまうからです。ところが高齢者になって利己的欲求より利他的欲求が強くなってくると、自分のことよりもまわりの人のためになることが気になってくるので、自分を人と比べることが少なくなります。比べたとしても「ま、いいか。あと10年くらいでお迎えも来るだろうから」とあっけらかんとしたものです。

そして、90～100歳になると、多くの人がものごとに動じなくなるといいます。いわゆる、悟りの領域です。これを老年的超越といいます。お釈迦様は30歳で悟りを開きましたが、私たちは90～100年かかるのかもしれません。

老年的超越とは、超高齢になることで得られる主観的な幸福感です。その領域に達すると、老化によるあらゆる機能の衰えを否定せず、現状を肯定するので、幸せを感じるといわれます。そのため、孤独にも強いことがわかっています。

高齢になるほど幸せを感じやすくなるのは、性格の影響もあるようです。

性格と幸せに関係があることは、多くの研究結果から明らかになっています。私たちが行った調査でも同じ結果が得られました。

調査した性格要因は、外向性、協調性、良識性、情緒安定性、知的好奇心の5つです。その結果、5つの要因すべてで主観的幸福と正の相関が見られました。つまり、性格がいいほど幸せになれるのです。

この5つの性格要因は、年を重ねるほどよくなる傾向があります。たとえば、10代と70代では明らかに5つの性格要因に差が生じました。この結果がすべての人に当てはまるとは言い切れませんが、年齢を重ねることで性格が丸くなり、それによって幸福度が上昇していく可能性が高いとはいえると思います。

なぜ、年を重ねると性格がよくなるのか。

人は年齢を重ねれば重ねるほど、いろいろな経験をします。その経験を通して、クセがなくなり外向的になる、自分勝手ではなくなり協調性が増す、非常識ではなくなって良識的になる、神経質ではなくなり情緒が安定する、さまざまな時代を乗り越えることで知的好奇心が高まる、ということなのかもしれません。

先ほど「不機嫌な高齢者」について述べましたが、孤独感をなくして「幸せな孤独」を実現することで、不機嫌になることがなくなり、本来高齢者が持っている幸福感に近づくことができるでしょう。

徳川家康は言いました。

「人の一生は重き荷物を負うて遠き道をゆくがごとし」

「人生は修行」とも言いますが、どうやら苦行ではないようです。修行を続けていくと、どんどん幸せになっていくようです。

「老いる」とは、心身の衰えを感じたり親しい人たちと別れたりして不幸になるのではなく、「幸せになる」ということなのです。孤独に悩んでいるあなたも、その先には、幸せが待っているということでもあります。

第7章

他人と「ゆるくつながる」コツ

孤独から抜け出すためにゆるいつながりをつくる

今までの章では、「孤独感」という悪い心のクセを正し、孤独でも幸せになれる方法について述べてきました。

この章では、少し視点を変えて「幸せな孤独」を実現するための、社会とのつながり方について述べていきます。

パートナーと別れても、友人の数が少なくても、幸せになれることは、すでに説明してきました。ただし、本当に社会とのつながりが絶無に近く、一年中部屋に引きこもってコンビニ以外の外出が一切ないような状況だと、やはり幸せからは遠ざかってしまいます。

幸福学の研究では「社会とのつながり」の有無が幸せの度合いに影響することがわ

かっています。ただし、無理して友人や知り合いを増やそうと努力すると、逆にわずらわしい人間関係に悩まされてしまうことになりかねません。

しかし、社会とのつながりをまったくなくしてしまえば、逆に幸せから遠ざかります。では、どういう状態が望ましいのか。

それが、これからご説明する「ゆるいつながり」です。専門用語では「弱い紐帯」と言います。

誰かと深いコミニーケーションをとらなくても、誰かがそばにいるという感覚があるだけで、心理的な安心感を抱くことができ、「孤独感」から逃れることができます。

ゆるく社会とつながったうえで、幸せな孤独の3つの要素を伸ばしていくことが、孤独感から解放される近道になります。ゆるいつながりをつくることは簡単で、誰にでもできます。以降、その方法をご説明します。

ゆるくつながるコツ①

小さな親切を心がける

それでは、ゆるくつながるには何をすればいいのでしょうか?

つながりましょうと言われても、人と接したり、人と話したりするのは、かなりハードルが高いと思います。

最初に、おすすめするのは、小さな親切です。

・道路に落ちているゴミを拾ってゴミ箱に入れる
・家の前を掃除しているときに、隣の家の前も掃除する
・電車に乗っているときに近くに高齢者や障がいのある人がいたら、そっと立って席を譲る
・狭い道を歩いているときに、対向に歩いている人がいたら、道を譲る……

その行為で、リアルなつながりができるわけではありませんが、相手のことを、誰かのことを思いやることが大切です。孤独に悩まされて、人とのかかわりを拒絶すると、それさえも考えられなくなります。

誰かのために。それを行動に移せただけでも、幸せな孤独に近づくことになります。そもそも、相手のためになることを考える利他の精神がある人には、幸せな傾向があります。

逆に、他人のことを考えず、自分にだけ意識が向いている人は不幸です。エゴイズムが人から疎まれるだけではありません。自分に意識が向きすぎている人は、自分の粗探しも得意です。「今日はこんな失敗をしてしまった」「自分はいつまでたってもダメな人間だ」などと、周囲から見れば大したことのない出来事を引きずり、いつまでもクヨクヨと悩んでしまいます。自分に自信が持てず、「ほめる」ことができないので、幸せから遠ざかっていきます。

それに対し、自分の外に目を向け、誰かを幸せにしたいと思っている人ほど、幸せになるようにできているのです。

大げさなことを考える必要はないのです。まずは、近所のゴミ拾いで十分です。

ゆるくつながるコツ②

人がいる場所へ出かける

2番目におすすめするのは、人のいる場所へ出かけることです。

家の外に出ると、どこにでも人はいそうですが、できればポツンポツンと人がいるような寂しいところではなく賑やかなところ、話し声が聞こえてきそうなところが理想です。

・休日の公園を散歩する

・Ｊリーグやプロ野球が開催されているスタジアムや球場の近くへ行く
・平日の満員電車に乗る
・独りでレストランやカフェに入る
・お酒が飲めるなら、独りで居酒屋へ行く
・レストランやデパートを見て回る……

先述したように、最近は「お独りさま」サービスが充実しています。孤独な人、孤独を楽しめる人が増えているせいでしょう。

最近はYouTubeの動画でも、独り飲みを楽しむ中高年男性の動画が人気を博し、２０２１年11月の時点でチャンネル登録者数は30万人を超え、人気の動画だと３００万回を超える再生数を誇っています。

あなたが独りで焼肉に行ったとしても、何も気にすることはありません。孤独に悩んでいる人の特徴のひとつとして、「人の目が気になる」という人がいます。安心してください。あなたのことを見ている人はほとんどいません。というより他人のことを見ているようで、見ていないのがふつうなのです。また、もしも見られていたとしても、その人と会話するわけではないし、関係のないことです。

人がいる場所へ出かけたからといって、誰かと話さなくてもかまいません。人と会ったような気になる、人の目に触れることが肝心なのです。

誰かとリアルに接しなくても、接した気になる。

これが、ゆるいつながりの始まりになります。

ゆるくつながるコツ③

「いいね」ボタンを押す

3番目のおすすめは、「いいね」ボタンを押すことです。

自分の近くに誰かがいること、そして誰かのためにできることがあることがわかったら、次に実際にゆるいつながりをつくることに挑戦してみましょう。あくまでも、一方通行のコミュニケーションです。最初はそれでいいのです。

もっとも簡単なのが、「いいね」ボタン。

インターネットやSNSへの投稿を見て、いいなと思ったら、「いいね」ボタンを押すだけです。それで何かが変わるわけではありませんが、投稿した人との小さなつながりが生まれたのは事実です。

大切なのは、心の声に従うことです。こっちに「いいね」を押したらあっちにも押さなければ、とか、「いいね」しないと嫌われるかも、のようなネガティブな感情が出てきたら、「いいね」を押す必要はありません。あくまで、心が「いいね」と思ったときに押しましょう。

ボタンを押すことに慣れてきたら、投稿にコメントをしてみましょう。「参考になりました」とか、「ありがとうございます」といった短いコメントで十分です。そうすると、つながりが少しだけ強くなります。

ゆるくつながるコツ④

あいさつする

4番目が、あいさつです。

インターネット上で、一方的であってもつながりをつくれるようになったら、リアルな場所でも、ゆるくつながりましょう。簡単なのが、あいさつです。

あいさつというと、「おはようございます」とか、「こんにちは」とか、言葉が必要なイメージがあると思います。もちろん、声に出してあいさつしてもいいのですが、無理することはありません。目を合わせて、会釈するだけで十分です。

近所の人、いつも行くコンビニ、毎朝行く公園ですれ違う人など、相手は誰でもかまいません。自分から会釈をしましょう。できれば、笑顔で。慣れてきたら、言葉をかけるようにしましょう。あなたの存在は、確実に相手の方に認められるようになります。

いつも行くコンビニの店員さんも、笑顔で応えてくれるようになるでしょう。

幸せな人のまわりには幸せな人が多くなる

私の学生の研究成果ですが、「多様な人と接することや、その接触頻度が高い人は、主観的な幸福度が高い」というものがあります。つまり、いろいろな職業、年齢、性格、国籍の人と接する機会が多い人は、そうではない人よりも幸せというわけです。

さまざまなボランティア活動、地域のコミュニティ、あるいは学校のＰＴＡ活動など、社会貢献活動は、まさに幸せを得るための絶好の場といえます。ゆるいつながりの先にあるのが、ボランティア活動への参加でもあります。

幸せになりたいと思ったら、興味がない活動でも参加して、いろいろな人に出会ったほうが何かが変わる可能性が高まります。


積極的に社会貢献活動に参加している人は、自分が幸せになりたいからではなく、世の中を幸せにしたいから活動していると思います。それでも、誰かを幸せにしたいと社会貢献をしている人は、自然と幸せになります。

逆に、「社会貢献活動なんてしたくない」と言って避けている人は、巡り巡って「自分は幸せになりたくない」と言っているようなものなのです。

自分が幸せになりたかったら、誰かを幸せにする活動をしましょう。


2010~2011年、内閣府の経済社会総合研究所が実施した「若年層の幸福度に関する調査」の結果が、それを証明しています。

この調査では、何らかの社会的課題解決に関する社会貢献活動に「参加している」「参加したいが今は参加していない」「興味がない」という質問に加えて幸福度も聞いています。

結果は、「参加している」人が、もっとも幸せを感じていました。「参加したいが今は参加していない」人は少し幸福度が低く、「興味がない」人は明らかに低い幸福度でした。

誰かを幸せにしようと行動すると、相手も幸せになるし、自分も幸せになる。幸せとは、伝染するものなのです。

このことをソーシャルネットワークの研究で有名なエール大学のニコラス・クリスタキス教授とカリフォルニア州立大学サンディエゴ校のジェームズ・フォーラー教授は共同研究しました。

5000人近い人たちを1983年から2003年までの20年間追跡したそうで

す。その結果、幸せを感じている人に囲まれていると、幸せではない人も将来的に幸せになる傾向があることがわかりました。

また、独りの幸せは3度の隔たり（友だちの友だちの友だち）までは影響しますが、4人目になると影響が少なくなるそうです。しかし、自分の幸せに影響された人は、その友だちの友だちの友だち（つまり、自分の4人目以降）にも幸せを分け与えていくということなので、永遠の連鎖です。

この連鎖の中に入ってしまうことも、孤独感から抜け出して幸せになる、ひとつの方法なのではないでしょうか。

独りのようで、本当は独りではない

あなたは、本当は独りではないのかもしれません。

私のかつての社会人学生に、夫に先立たれ、その喪失感にしばらく立ち直れない状態の方がいました。彼女が前を向くきっかけになったのは、過去と現在の人間関係を図に書き出してみることでした。

夫、息子、娘、隣の人、親戚の人、絵画を一緒に習いに行っていた人、同級生、田舎の友人、義理の弟……。夫のところは空欄です。書き出してみると、夫という大きな存在は失くしましたが、支えてもらえそうな人たちがたくさんいることに気づいたそうです。

これはあの人にお願いできる、あのことはこの人に相談できる……と、書き出した人たちを眺めていると、これからも生きていけると思えてきたといいます。独りになって絶望の淵にいたときは、まわりにいる人たちの存在に気づく余裕さえなかったそうです。

彼女は今、「夫がいない寂しさは変わりませんが、夫がいないことが感謝に変わりました。夫との思い出を振り返りながら、楽しかったなあと十分に悲しみを味わえるようになりました。これからは夫の分まで生きます」と、前を向いています。

あなたも、過去と現在の人間関係を書き出してみませんか?

家族、友人、仕事関係の人、田舎の同級生、バイトで知り合った人……。それだけでなく、大切にしているもの、大切にしてきたことを書き出してみてください。独りぼっちだと思っていても、まわりにはいろいろな人、もの、思いがきっとあるはずです。たとえ、近くにいなくても、つながりがなくなっているわけではありません。

あなたがいてくれて良かったと思っている人は、この世界に必ずいるのです。

おわりに

コロナ禍になって、引きこもりだった人が生き生きしているという話を聞いたことがあります。家にいるのがふつうになったため、「自分だけが」というネガティブな感情がやわらいだからだといいます。

みんなと一緒だから安心できる。

逆に、みんなと違うから不安になる。

これが、孤独に悩まされる人の特徴のひとつだと思います。みんなと違うことが、そんなに怖いことでしょうか、寂しいことでしょうか、つらいことでしょうか。みんなと違うところこそ、その人の個性なのであって、ほかの人にはない魅力なのだと思いませんか？

統計学的には、孤独は不幸になりがちという結論が導かれますが、細かく分析していくと、自己受容（うれいれる）、自尊心（ほめる）、楽観性（らくになる）という3つの要素が強い人は、孤独であっても幸せな傾向があります。

どうして幸せなのかというと、ほかの人との違いを喜んで受け入れ、ほかの人との違いに自信と誇りを持ち、まわりの評価を気にすることなく生きているからです。

私たち人間は、たくさんの仲間に囲まれている人も、独りぼっちの人も、いつか必ず独りでこの世を終えていくことになります。そうであるなら、孤独に悩み続けるのと、幸せな孤独を極めて孤高を目指すのと、どちらかを選ぶのだったら、孤高のほうがいいですよね。

孤高に達すると、結果的には自然に人が寄ってくることにもなります。


どうしたら幸せな孤独を手に入れられるのか。孤高にたどり着けるのか。本書では、そのことを伝えてきました。少しずつでかまいません。あなたらしい幸せを見つけるために、今の自分を受け入れることから始めてみてください。心より願っています。あなたの苦しみが和らぐことを。あなたの心が晴れることを。あなたが幸せであることを。

謝辞　本書を執筆するにあたり、研究結果を引用させていただいたり多大な助言をいただいたりした慶應義塾大学大学院システムデザイン・マネジメント研究科ヒューマンラボ博士課程の喜多島知穂さん、OGの大畑友香さんと水上明子さんに心より謝意を表します。また、アスコムの池田剛さんと出版に協力いただいた洗川俊一さんにも感謝しています。本書で引用した研究を真摯に行ってこられた研究者の皆さん、本書で引用した皆さん、本書の内容に何らかの形で関わった皆さんにも、心より感謝します。さらに、本書を読んで何かを感じてくださったすべての皆様に、心より謝意を表します。ありがとうございました。

前野隆司

幸せな孤独

「幸福学博士」が教える「孤独」を幸せに変える方法

発行日　2021年12月31日　第1刷

著者　前野 隆司

本書プロジェクトチーム
編集統括　柿内尚文
編集担当　池田剛
編集協力　洗川俊一、洗川広二、荒井よし子
デザイン　山之口正和＋沢田幸平（OKIKATA）
イラスト　朝野ペコ
DTP　山本秀一＋山本深雪（G-clef）
校正　東京出版サービスセンター

営業統括　丸山敏生
営業推進　増尾友裕、綱脇愛、大原桂子、桐山敦子、矢部愛、高坂美智子、寺内未来子
販売促進　池田孝一郎、石井耕平、熊切絵理、菊山清佳、吉村寿美子、矢橋寛子、遠藤真知子、森田真紀、氏家和佳子
プロモーション　山田美恵、藤野茉友、林屋成一郎
講演・マネジメント事業　斎藤和佳、志水公美

編集　小林英史、栗田亘、村上芳子、大住兼正、菊地貴広
メディア開発　中山景、中村悟志、長野太介
管理部　八木宏之、早坂裕子、生越こずえ、名児耶美咲、金井昭彦
マネジメント　坂下毅
発行人　高橋克佳

発行所　株式会社アスコム

〒105-0003
東京都港区西新橋2-23-1　3東洋海事ビル
編集局　TEL：03-5425-6627
営業局　TEL：03-5425-6626　FAX：03-5425-6770

印刷・製本　株式会社光邦

Printed in Japan ISBN 978-4-7762-1185-3

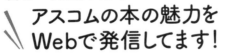

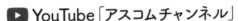